PRAXIS TEATRAL. Saberes y enseñanza.

Reflexiones a partir del teatro argentino reciente

Gustavo Geirola

PRAXIS TEATRAL. Saberes y enseñanza.

Reflexiones a partir del teatro argentino reciente

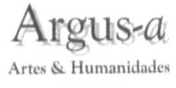

Artes & Humanidades

Argus-*a*
Artes y Humanidades / Arts and Humanities
Buenos Aires - Los Ángeles
2016

PRAXIS TEATRAL. Saberes y enseñanza.

Reflexiones a partir del teatro argentino reciente

ISBN 978-1-944508-03-6

Diseño de tapa: Vania Bilem

© 2016 Gustavo Geirola

All rights reserved. This book or any portion thereof may not be reproduced or used in any manner whatsoever without the express written permission of the publisher except for the use of brief quotations in a book review or scholarly journal.

Editorial Argus-*a*
16944 Colchester Way,
Hacienda Heights, California 91745
U.S.A.

Calle 77 No. 1976 – Dto. C
1650 San Martín – Buenos Aires
ARGENTINA
argus.a.org@gmail.com

A Eduardo "Tato" Pavlovsky *in memoriam*

Indice

Presentación

PRIMERA PARTE: A propósito de *Arte y oficio del director teatral en América Latina* y *¡Todo a pulmón!*

Introducción	1
Preparación de las entrevistas	3
Las entrevistas y la praxis teatral	5
Selección de teatristas y marco metodológico de la investigación	11
Del deseo innegociable del teatrista y de las faltas	13

SEGUNDA PARTE: Dos reflexiones breves sobre la praxis teatral y la enseñanza

Introducción	21

Primera reflexión

El teatro argentino reciente: la impronta

de Eduardo Pavlovsky 25

Del coágulo de Pavlovsky al sinthome lacaniano 26

El sentido, la verdad y la varidad 30

La praxis teatral y la enseñanza 37

Praxis teatral y escritura 45

Segunda reflexión

Introducción 49

Realidad mundana, realidad psíquica 50

Segmentariedad, narración y relato de actuación 53

ADENDA: Cuestionario de la entrevista 59

BIBLIOGRAFIA 67

Presentación

Este libro es, en primer lugar, una extensión de un ensayo publicado en el 2014 en la *Revista de las artes*, de la Universidad de Costa Rica, bajo el título "Reflexiones sobre la dirección escénica y la praxis teatral", que incorporo aquí con modificaciones. Al revisarlo, después de tres viajes a Buenos Aires (en 2014, 2015 y 2016), aprovechados para ver muchos espectáculos y entrevistar a varios teatristas argentinos, comenzaron a ocurrírseme ciertas preguntas relativas a la consistencia de lo que había visto y la enseñanza o transmisión de la praxis teatral, particularmente cuando ésta se ejerce en espacios institucionales como la universidad. En segundo lugar, me pareció óptimo aprovechar la lectura de varios libros que compré o amablemente me regalaron los teatristas para formular esas preguntas, darles un marco conceptual, sin pretender, como se verá, intentar responderlas. Concibo este libro como una invitación al debate y, aunque me centro en el teatro argentino reciente y sus protagonistas, imagino que situaciones parecidas deben estar emergiendo en otras regiones de nuestra América.

Hacienda Heights, Los Ángeles, agosto 2016.

PRIMERA PARTE:

A propósito de *Arte y oficio del director teatral*

en América Latina

y *¡Todo a pulmón!*

Introducción

En el 2003 inicié un proyecto de entrevistas que duró doce años y que me llevó a casi todos los países de las tres Américas (19 países, para ser más precisos). Se publicaron todas las entrevistas en seis volúmenes bajo el título de *Arte y oficio del director teatral en América Latina*, aunque se incluyeron directores latinoamericanos que, por motivos diversos, particularmente aquellos que optaron por el exilio frente a situaciones extremas de supervivencia, desarrollaron o siguen desarrollando su tarea en Canadá y Estados Unidos.

Algunos años antes de iniciarlo, me había dado cuenta, sea por mi trabajo de investigación como por mi tarea de director, de que casi no había en castellano un corpus bibliográfico que se enfocara en el arte y el oficio del director teatral en América Latina.[1] Recuerdo que mi curiosidad surgió en un congreso en la Universidad de Kansas en que, después de una charla dada por el director Gerald Thomas, se me ocurrió preguntarle algo cuando abrieron el espacio para la participación del público. Le pregunté qué tenían que tener sus actores para que él pudiera trabajar con ellos. Thomas me miró y de pronto, como si no hubiera escuchado, se puso a contestar otras preguntas. Como bien lo expresa el mexicanismo, me sentí completamente ninguneado. Pero después de unos largos minutos, el director me miró fijamente y me dijo: "Me he quedado pensando en tu pregunta. Ahora puedo decirte que no puedo trabajar con un actor que no haya hecho Beckett". Me sentí reivindicado, pero su

---

[1] Habida cuenta de que podía hacer puentes entre la investigación académica y la dirección, Juan Villegas me había solicitado preparar un número especial para su revista *Gestos*; en ese momento, el proyecto me resultó imposible de realizar sin viajar, aunque la invitación de Villegas fue otra de las motivaciones para emprenderlo. La idea de pedir a un director que diera un panorama de la dirección en su país –tal como Villegas proponía— no me parecía que iba a resultar en algo positivo; todos conocemos las rencillas locales del campo teatral. En aquel momento viajar a tantos países resultaba quijotesco (adjetivo que más tarde el director dominicano Haffe Serulle usaría para calificarlo), pero luego aparecieron algunas ayudas académicas para viajar, aunque la publicación de todos los volúmenes tuve que afrontarla sin apoyos financieros de ningún tipo.

respuesta fue como la de un verdadero psicoanalista: un enigma. Por eso me resultó indispensable incluir aquella pregunta en el cuestionario y hacérsela a los 115 directores con los que tuve el gusto de compartir tiempo y espacios.

¿Qué había querido decir Gerald Thomas? Su respuesta abría a la interpretación. Me di cuenta entonces de la necesidad de iniciar un proyecto en el que se le diera la palabra a los directores, aunque más no sea para que hablaran con enigmas y nos incentivaran a pensar, como quien trata de reconstruir la base de un iceberg, es decir, lo que daba fundamento a su respuesta.[2] En general, el saber directorial se ha transmitido de maestro a discípulo a través de la palabra oral y las experiencias compartidas; de ahí que se trate de un saber nunca puesto a disposición de otras personas, de otras lecturas, realizadas fuera del marco de la enseñanza directa.

---

[2] Por razones de ética profesional, me propuse al iniciar este proyecto no debatir con los entrevistados durante la entrevista y tampoco utilizar en forma personalizada sus respuestas en mis investigaciones. Sin embargo, invito al lector de este artículo a recorrer cada una de las preguntas del cuestionario (Cfr. Adenda) y percibir no sólo la variedad de respuestas dadas por los directores, sino también los aspectos teóricos que subyacen a la aparente simplicidad de las mismas. Por ejemplo, la pregunta sobre si el director trabaja diferentemente con los actores o las actrices, supone un complejo entretejido de cuestiones de género, tanto desde la auto-identificación que el director haga con un género determinado como con la forma en que resuelve su relación con el elenco. No creo que la cuestión de género carezca de implicaciones en una teoría de la actuación y que deba quedar implícita en cualquier tipo de formación actoral o directorial. Y esto, sin llevar las cosas más lejos a la cuestión de lo real, del no-todo y lo femenino en el lacanismo, como se verá más adelante. Preguntas de aparente inocencia, como por ejemplo "Cuando dirige, ¿lo hace desde la platea o sube y baja del escenario?", involucran múltiples cuestiones teóricas relativas a la forma en que el director se instala en el campo escópico respecto del escenario y de la sala en tanto sujeto de la visión o sujeto-mirada, la forma en que conceptualiza su cuerpo o conceptualiza su voz—para usar aquí el vocabulario lacaniano—como "pulsión invocante".

Varios años después, con motivo de un Seminario en la ciudad de Buenos Aires, mi colega Lola Proaño y yo entrevistamos a diez teatristas argentinos que desarrollan su tarea principalmente (pero no exclusivamente) en el circuito off de esa ciudad, salvo uno de ellos que tiene una tarea continua en la ciudad de San Miguel de Tucumán. Aunque el cuestionario no fue el mismo, algunas preguntas del proyecto anterior se mantuvieron. Las entrevistas se publicaron en un libro cuyo título es *¡Todo a pulmón! Entrevistas a diez teatristas argentinos.*

Preparación de las entrevistas

Inicié mi pesquisa buscando materiales previos sobre la dirección teatral en América Latina y me topé con entrevistas, en su mayor parte periodísticas y unas pocas publicadas en algunas revistas académicas, en las cuales los directores hablaban de su última puesta en escena, pero nada decían del proceso que habían atravesado para llegar al espectáculo. Al menos en Estados Unidos, donde casi no hay escuelas de formación actoral en español—no pude hallar trabajos más elaborados sobre dirección teatral en castellano; los encontré en otras lenguas y fue desde allí que organicé el cuestionario para una entrevista que tomaba casi dos horas. En el 2003 (y eso se ve en las entrevistas de los primeros tomos de los seis que conformaron *Arte y oficio del director teatral en América Latina*),[3] aunque había escuelas de teatro a nivel universitario, no había ninguna carrera de formación de directores en la región. En estos últimos años han

---

[3] Aunque no los he numerado para conservar la independencia de cada tomo, el orden de elaboración y publicación de los volúmenes es el siguiente: El volumen 1, dedicado a México y Perú, se publicó en 2004; el segundo, con entrevistas en Argentina, Chile, Uruguay y Paraguay salió a la luz en 2007; el tercero, dedicado a Colombia y Venezuela, se publicó en 2009; los directores de Bolivia, Brasil y Ecuador integraron el tomo cuarto en 2010; el quinto volumen, aparecido en 2012, incorpora entrevistas realizadas en Centroamérica y a directores latinoamericanos que trabajan en Estados Unidos; finalmente, el volumen sexto y último, con directores de Cuba, Puerto Rico y la República Dominicana, salió en 2014.

ido apareciendo, bajo distintos nombres, componentes académicos que se hacen cargo de formar directores. La dirección había sido un elemento curricular que se practicaba en algún curso como parte de la formación actoral, en aquellos países que ya tenían escuelas de nivel universitario o equivalente para formar actores. Las clases eran asumidas, en su mayor parte, por maestros que podían ostentar una carrera profesional en la dirección teatral, pero que—y no siempre era el caso—habían salido de esas mismas escuelas como actores; en efecto, muchos declaran haber llegado a la dirección teatral por diversos accidentes de la vida.

¿Qué encontré en italiano, francés e inglés? Encontré libros para la enseñanza de la dirección teatral; casi todos esos materiales se mantenían en un estricto nivel técnico, sin mayores cuestionamientos teóricos. Se trataba de introducir al futuro director en áreas que convergen en toda puesta en escena: análisis del texto dramático, tipos de salas teatrales, consejos para armar el elenco, acuerdos con los productores, trabajo con el actor, escenografía, iluminación, sonido y musicalización, vestuario, etc. Nada verdaderamente novedoso, mayormente consejos y recetas. Los textos en esas lenguas, publicados en los llamados países del "primer mundo", se referían a lo arquitectónico, lo tecnológico, lo financiero y a veces a lo artístico, aspectos que, obviamente, en muchos casos poco tenían que ver con los contextos latinoamericanos. No obstante, esos libros me sirvieron para armar mi cuestionario, que yo quise que estuviera constituido por preguntas realizadas en un lenguaje sencillo, cotidiano, evitando todo tipo de jerga basada en alguna disciplina particular.

Es sabido que la dinámica de producción teatral en Estados Unidos emerge de los Departamentos de Teatro de las universidades que, en ciudades pequeñas, asumen casi la totalidad de esa actividad. No siempre surgen grupos "independientes" (y si lo hacen, es con precariedad financiera y a veces con cierta marginalidad, particularmente si intentan un teatro alternativo, sobre todo en otra lengua que no sea el inglés); en las ciudades populosas de ese país hay un circuito off, pero muy atenido a condiciones de producción, tan pautadas como las del teatro 'comercial'. En América Latina, por el contrario, la actividad teatral emergió siempre más espontáneamente de interesados en el teatro, usualmente con mínimos recursos financieros, pero con gran iniciativa y voluntad para persistir. A pesar de que muchas veces han enfrentado situaciones políticas cuya censura fue impiadosa, lo cierto es que, comparado con el teatro estadounidense—comercial, universitario y off—gozaron de mayor libertad para asumir riesgos estéticos, en la medida en que no dependían de subsidios estatales. Esta situación, a pesar de que ha cambiado en los últimos años, con mayor participación del Estado (la ley de teatro en Argentina es paradigmática en este sentido), sigue estando marcada por el deseo de los teatristas y no por la necesidad de responder a exigencias institucionales.

La diversidad (y hasta lo contingente y eventual) del hacer teatral de los artistas latinoamericanos, que pueden en cierto momento trabajar para el teatro oficial, en otros para producciones privadas y finalmente para proyectos de su propio grupo, supone estrategias de formación actoral y directorial muy variadas que, sin duda, están bien reflejadas en las entrevistas de los dos proyectos (*Arte y oficio* y *¡Todo a pulmón!*)

Las entrevistas y la praxis teatral

Mi objetivo era acordar con el director seguir el orden del cuestionario de preguntas puntuales, muchas veces de tipo técnico, pero otras orientadas a cuestiones más sofisticadas. Debo decir que casi todos cumplieron con el pacto, salvo un par de excepciones en que la personalidad primó sobre el acuerdo. Intenté, de esta forma, contar con volúmenes que tuvieran un mismo formato de entrevista, que he denominado "tabular", a fin de permitir a las generaciones futuras tener no solamente un testimonio de los protagonistas de la dirección teatral más relevantes de la región, sino también conformar una base de datos para trabajos teóricos mucho más sofisticados. Así, alguien podría tomar una pregunta, recorrerla por todas las entrevistas y formular hipótesis que apunten a algo que, todavía, no aparece en el horizonte de expectativas de los estudiantes de teatro. Me refiero a la elaboración teórica, entendiendo por tal la más abstracta y formalizada batería de conceptos tramada en un modelo de alta sistematización, aunque abierto y, obviamente, nunca dogmático.[4] Cuando hablo de teoría no pienso en historia del teatro ni en semiótica teatral, sino en elucubraciones capaces de profundizar en cuestiones que, como nos ha enseñado el psicoanálisis—sobre todo el lacaniano—a veces se hallan tan naturalizadas, tan codificadas, que ya casi ni las interrogamos. Baste, como ejemplo rápido, observar en el habla de los teatristas el uso de la palabra 'teatralidad', que abarca a veces tantas cosas y que cada cual la usa a su propio gusto y parecer, que muchas veces ya no se sabe bien lo que significa ese vocablo y la utilidad que puede prestar a la praxis teatral.[5] Es más, se ha naturalizado tanto que, muchas veces, los interlocutores parecen entenderse cuando, bien mirado, pueden estar pensando la teatralidad en sentidos completamente diferentes y hasta opuestos. Otro ejemplo es la nebulosa nocional que se conforma alrededor de dos términos: "lugar" y "espacio", los que se usan de manera diversa y sin que inviten a un cuestionamiento preciso. Se confunden aquí las dimensiones físicas de un *lugar* (alto, ancho, largo) con el *espacio* en tanto construcción estético-discursiva de consecuencias políticas que, muchas veces, escapan a la percepción consciente de los teatristas. Ni siquiera me atrevo a comentar las confusiones de todo tipo que se registran cuando se usan de modo diverso, a la manera del habla cotidiana, términos como 'realidad' y 'real', tan importantes para el arte teatral y que hoy resultan insostenibles, después de elaboraciones tan precisas como las

---

[4] Más adelante, discutiremos qué se puede transmitir/enseñar en las instituciones académicas sobre la praxis teatral y debatiremos un poco sobre la consistencia de la teoría y la posibilidad de un modelo.

[5] Me he ocupado en investigaciones realizadas a partir de mi praxis teatral de acotar conceptualmente el término 'teatralidad' como política de la mirada a partir de dos aproximaciones: una, inicial, basada en la teoría de la guerra (Clausewitz) y el panóptico de Bentham, tal como Michel Foucault lo debatió; la otra, a partir del psicoanálisis lacaniano. El primer acercamiento puede leerse en los capítulos iniciales de mi *Teatralidad y experiencia política en América Latina* (2000); la segunda en "Aproximación lacaniana a la teatralidad del teatro: desde la fase del espejo al modelo óptico. Notas para interrogar nuestras ideas cotidianas sobre el teatro y el realismo" (2009).

de Lacan y sus tres registros (simbólico, imaginario y real), en las cuales lo Real no es nunca la 'realidad' perceptible.

Aunque, como bien sabemos, ninguna teoría asegurará jamás un logro artístico, creo honestamente que un cambio radical en las formas de trabajar en el teatro vendrá cuando haya una dimensión conceptual lo suficientemente desarrollada como para producir debates productivos y hasta controversiales; y esto no significa que los artistas deban necesariamente ponerse al día con la teoría, sino que su talento sea capaz de dialectizar con un fermento de interrogantes multidisciplinarios que disparen su creatividad. Y esta posibilidad está lejos de ser una excepción: basta acercarse a las reflexiones de una creadora como Verónica Pérez Luna, que trabaja fundamentalmente en la ciudad de Tucumán, para observar la conversación que ella mantiene con discursos académicos, no para aplicarlos (es imposible aplicar una teoría; tal vez se pueda aplicar un método), sino para desafiarlos y transgredirlos o llevarlos a la tensión conceptual extrema para disparar la creatividad hacia una otredad todavía no significada.[6] Similarmente, Diego Starosta, fundador y director del grupo El Muererío Teatro (Buenos Aires), ha publicado un libro delicadamente diseñado en el que cuenta su itinerario estético teatral, y en el cual puede observarse—tal como ocurre con el de Pérez Luna—ese diálogo entre inquietudes artísticas, lecturas académicas, desafíos y provocaciones teatrales, siempre en tensión con los contextos socio-históricos de la realidad nacional/local/ global en la que trabaja.[7]

Con el tiempo, a medida que iba haciendo las entrevistas para *Arte y oficio*, e iba reflexionando a partir de lo que escuchaba, me di cuenta de que, después del esfuerzo de Enrique Buenaventura, Santiago García y Augusto Boal, este apetito por lo teórico había desaparecido o bien se había diseminado en algunos directores que no dejaban de hacerse <u>preguntas sobre su arte y oficio</u>, con la diferencia que ahora estos

---

[6] Ver su estupendo libro *Experimento manojo. 20 años de teatro* (2013).

[7] Ver su bellísimo libro *Los pies en el camino. 15 años de la compañía El Muererío Teatro* (2013).

directores más jóvenes —pienso en aquellos que trabajaron durante la década de los 80 y 90— en contraste con los maestros colombianos y brasilero, ya no escribían; tendencia que, al menos limitándome al caso argentino, que conozco mejor, a partir de los ejemplos y citados de Pérez Luna y Starosta, parece comenzar felizmente a revertirse.

    Insisto en que estoy pensando en un campo que he denominado en otros trabajos "praxis teatral" para restringirlo a todo lo que hay antes, durante y después de los ensayos y que compete a la tarea del teatrista.[8] No estoy pensando en la producción crítica académica —usualmente realizada por intelectuales que no son teatristas— que puede presentar diversos niveles de complejidad o de moda (muchas veces más inclinada a exhibir un vocabulario multidisciplinario que a realizar un verdadero trabajo teórico), pero que siempre está enfocada en abordar un texto dramático o un texto espectacular. La praxis teatral debería ser un campo teórico, metodológico y técnico autónomo y de competencia de los hacedores de teatro, un espacio disciplinario que refleje el entramado complejo sobre el arte y oficio del teatrista. Y adopto este término de 'teatrista', introducido por Jorge Dubatti,[9] para referirme a esa modalidad que se ejerce en algunos países en que el director además de dirigir, también es actor y autor o coautor, sin que las tácticas utilizadas tengan que ver con la creación colectiva, ya un poco más alejada en el tiempo.[10] De igual forma, en muchas entrevistas de *Arte y oficio* (por ejemplo, para nombrar unos pocos, Luis de Tavira y Claudio Valdés Kuri [México], Alberto Kurapel y Ramón Griffero [Chile], Mariana Percovich [Uruguay],

---

[8] Cfr. mi libro *Ensayo teatral, actuación y puesta en escena. Notas introductorias sobre psicoanálisis y praxis teatral en Stanislavski.*

[9] Dubatti define al teatrista como un "creador que no se limita a un rol teatral restrictivo (dramaturgia o dirección o actuación o escenografía, etc.) y suma en su actividad el manejo de todos o casi todos los oficios del arte del espectáculo" (*El teatro laberinto* 14)

[10] Me refiero estrictamente a la que se desarrolló en América Latina durante los años 60 y sobre todo 70, bajo el liderazgo de Santiago García y Enrique Buenaventura, que ya prácticamente nadie ejercita.

Ricardo Bartís [Argentina], Diego Aramburo [Bolivia], Pedro Adorno Irizarriy [Puerto Rico]) y de *¡Todo a pulmón!* (Román Podolsky, Andrés Binetti, Andrea Garrote, Mariana Mazover), se observa esta tendencia ya alentadora en la que el artista se hace cargo de discursos multidisciplinarios pero, sobre todo, de ciertos conceptos clave que su praxis teatral pone en foco de debate para promover su invención creadora.[11]

Y este intento de teorizar la praxis teatral no es nuevo. En América Latina durante los años setentas había empezado a insinuarse este interés por pasar a un nivel más problemático que el mero entrenamiento. Cuando Buenaventura, por ejemplo, en una charla a sus actores,[12] toma la *Interpretación de los sueños* de Freud para hacerse preguntas precisas sobre la puesta en escena, no está buscando recetas de cómo montar un espectáculo (lo que constituye el nivel de la técnica) ni de ver los pasos más apropiados para llevar a buen puerto un proyecto teatral (lo que correspondería al nivel metodológico), sino que está planteando sumergirse, delirantemente o no, en una homología teórica entre sueño y puesta en escena, de cuyas consecuencias podrían luego elaborarse o discutirse tanto lo técnico como lo metodológico.[13] Buenaventura trabaja esta relación entre sueño y puesta en escena retomando, tal vez sin saberlo, la reflexiones que César Vallejo había iniciado tempranamente

---

[11] Debería agregar dos nombres más del panorama teatral argentino que, aunque no los he entrevistado, resultan casi ineludibles en esta dialectización con los conceptos bien trabajados por otras disciplinas y que, de repente, disparan la imaginación artística: Eduardo Pavlovsky y Rafael Spregelburd.

[12] Buenaventura, Enrique. "La Elaboración de los Sueños y la Improvisación Teatral". En Buenaventura, E. y J. Vidal, eds. *Esquema general del método de trabajo colectivo del Teatro Experimental de Cali y otros ensayos*. Maracaibo: Universidad de Zulia, 2005. 55-65

[13] Me he detenido en la discusión de este ensayo breve de Buenaventura en "Ensayo teatral e improvisación: Aproximación psicoanalítica y dimensión del deseo en Enrique Buenaventura", incluido en mi libro *Ensayo teatral, actuación y puesta en escena. Notas introductorias sobre psicoanálisis y praxis teatral en Stanislavski* (2013).

relativas a la escritura escénica, la teatralidad como política de la mirada y otros temas que atañen a muchos de los tópicos que tratamos en este libro.[14] Vallejo, sin duda, vislumbra la futuridad del teatro y se anticipa en muchos años a cuestiones en las que hoy nos debatimos y que nos sentimos necesitados de retomar.

Freud es, en este sentido, paradigmático, porque su producción se escande en períodos en los que se ve obligado a repensar, a partir del fracaso de sus casos, todo el armado de tu teoría; así su propuesta va constantemente de lo técnico a lo teórico, ya que no hay técnica que no responda a presupuestos axiomáticos teóricos (los conozca o no el director) ni hay teoría que no suponga un aparato técnico-metodológico que le sea inherente. Asimismo, Verónica Pérez Luna escribe *Experimento Manojo*, libro en el que detalla 20 años de trabajo teatral en Tucumán:

> nosotros pensamos que la técnica en el teatro no puede aislarse de la teoría y, como la teoría siempre está avanzando y retrocediendo, la técnica debe también proponerse constantes límites a vencer, pero esos límites no necesariamente son del orden de las destrezas físicas o vocales, sino que se correspondería, a nuestro criterio, con "un preciso dominio de todos los lenguajes que recaen sobre su cuerpo para lograr la teatralidad elegida". Es decir, la técnica en el teatro está imbricada con una poética, entonces la profundidad y rigurosidad en el dominio técnico dependerá de la densidad teórica y pragmática de la poética desde la que se trabaja. (191-192)

Ante la falta de escrituras, me pareció que mi proyecto con las entrevistas podría al menos aportar las reflexiones de muchos directores, algunos muy experimentados y con larga carrera sobre las tablas, y otros más jóvenes con nuevas inquietudes y propuestas. Me pareció, asimismo, que contar con estas experiencias por escrito podía ser una base para que los futuros estudiantes de teatro (actores o directores o creativos de la

---

[14] He trabajado pormenorizadamente las reflexiones de César Vallejo en mi ensayo "César Vallejo: Enunciación y teatralidad".

escena, como iluminador, escenógrafo, sonidista, etc.), tuvieran una pista para despegar, evitando—como quien dice—inventar la rueda o la pólvora nuevamente. El hecho de que los directores no conocieran el cuestionario por anticipado y que la entrevista se hiciera cara a cara, abría la posibilidad de que nos relataran su experiencia en un tipo de discurso accesible para que, más allá de los teatristas, también el público en general pudiera interiorizarse de las múltiples cuestiones que un director tiene que resolver para realizar un espectáculo. El resultado es un corpus de entrevistas, enmarcadas por condiciones de producción y contextos culturales diversos, un impresionante cúmulo de experiencias fascinantes realizadas por artistas notables que generosamente comparten sus conocimientos con el lector.

Selección de teatristas y marco metodológico de la investigación

Como resulta fácil imaginar, no me propuse investigar a todos los teatristas de cada país. Mi proyecto solo quería incorporar diversas tendencias presentes al momento de mi visita; recurrí a amigos y colegas de cada uno de los países quienes confidencialmente me pasaron listas de teatristas activos en su país. Consultando la red, fui conociendo más de cada uno de ellos y, a veces con cierto disgusto, iba eliminando posibilidades, ya que de pronto varios talentos, a pesar de su prestigio, más o menos trabajaban en la misma tendencia estética o directorial y yo solo podía optar por uno. Me propuse, asimismo, entrevistar a directores cuya tarea, aunque no exclusiva entre otras experiencias performativas, tenían como marco el teatro de sala para adultos; sin duda, muchos de ellos realizaban experiencias de teatro de calle o para niños, pero su mayor énfasis era el teatro de sala para adultos. La idea era un corpus de entrevistas donde las respuestas a las preguntas del cuestionario tuvieran un marco de comparación válido en un campo, en cierto sentido, homogéneo.

Quería, además, diversificar las voces en este campo profesional, durante mucho tiempo dominado por lo masculino, por lo capitalino (producto de la organización centralizada de casi todos nuestros países), por lo comercial o incluso por lo racial blanco; me interesé entonces en incorporar la experiencia de directoras y también de directores de color y de provincia o zonas marginales cuya experiencia se realiza en contextos signados por otros parámetros estéticos e ideológicos. ¿Cuáles eran sus objetivos, más allá de la perfección profesional exigida en los centros capitalinos a partir de las imposiciones del mercado artístico, de los protocolos institucionales o las inversiones financieras que sostienen un espectáculo? ¿Cuáles eran las dinámicas involucradas al momento de dirigir una obra, o incluso al seleccionar un texto o un tipo de metodología y hasta de estilo en áreas que responden a otras necesidades culturales? Las entrevistas dan cuenta de estos aspectos, pero lo verbal— ya filtrado por la transcripción[15]—todavía no llega a completar lo que constituyó para mí, personalmente, el conocimiento adquirido con los directores que cariñosamente me recibieron en cada país, en sus casas o sus salas o que se acercaron al hotel. Pude en muchos casos tener a la vista las concretas condiciones de producción: sus barrios, sus talleres, su entorno cultural y en algunos casos en que asistí a espectáculos, su propio público. Cuando pude, dejé constancia en videos de dichas condiciones y hasta filmé unos minutos a cada director.[16]

---

[15] En un futuro próximo donaré las grabaciones a la institución que demuestre tener un cuidado especial en el resguardo de sus archivos, particularmente cuando se trata del archivo de la voz. Aunque la versión escrita refleja lo dicho por el director con la mayor fidelidad posible, no puede escapar a los protocolos impuestos por la letra. Sin embargo, el registro oral de las entrevistas, cuando se lo coteja con la versión escrita, puede deparar algunas sorpresas: a veces una pregunta daba paso a un largo silencio, que no se podía reproducir por escrito; cuando algún comentario causaba risa, lo he dejado señalado. Lo cierto también es que algunos directores, cuando revisaron la versión escrita de sus entrevistas, hicieron pequeños cambios o redujeron la misma de manera notable, a veces en varias páginas. Este proceso de revisión se fue haciendo cada vez más intenso a medida que se iban publicando los volúmenes del proyecto y los directores ya estaban de alguna manera advertidos.

[16] Por razones financieras, los tomos no pudieron publicarse acompañados de DVD, como había planeado al iniciar el proyecto. He subido algunos clips de la entrevista a mi página en Internet: www.gustavogeirola.com Como hoy muchos directores—especialmente los más jóvenes—ya tienen su propia página, no me

Puedo dar fe de que, con mayores o menores apoyos financieros o institucionales, con mayor o menor disposiciones o despliegues tecnológicos, la tarea del teatrista en América Latina—y tal vez en muchas partes del mundo, incluyendo los países más desarrollados en sus áreas marginales (que también las tienen)—se realiza a partir de un deseo innegociable. Aunque muchos confiesen haber llegado a la dirección por demandas de otros actores o de circunstancias diversas, lo cierto es que allí se quedaron instalados y fascinados por la tarea directorial, a la vez penosa y gozosa. En efecto, algunos directores, más favorecidos por los productores y la fama, no dejan de tener restricciones precisas, marcadas justamente por el volumen de las inversiones o las responsabilidades frente a públicos que les demandan, muchas veces, repetirse y estar a la altura de sus puestas anteriores. Al respecto, Andrés Binetti dice:

> no tengo el peso que tiene Bartís. Bueno, no sé lo que hace Bartís, me imagino que también hace lo que quiere, pero que hay una demanda, una construcción en su caso a la que nosotros [los jóvenes] no tenemos que responder. No tenemos que responder mucho a nada porque tampoco importa mucho a nadie lo que hacemos. (*Risas*) (*¡Todo a pulmón!* 142)

La angustia de estos directores más instalados en el panorama teatral, con una trayectoria más larga y con reconocimientos efectivos, si se la logra leer entre líneas, no deja de equiparse, en el otro extremo, a las de otros que, en encuadres materialmente menos favorecidos y poniendo a prueba todas las posibilidades de su imaginación y su creatividad, cuentan sin embargo muchas veces con un marco de experimentación y libertad—y hasta de irresponsabilidad—del que carecen los más renombrados.[17]

---

pareció necesario incluir fotos o videos de sus espectáculos, aunque debo agradecerles a todos la generosidad que tuvieron en llenar mis maletas de materiales valiosos.

[17] Si, como es explorado en otro trabajo (Geirola 2008), se puede realizar una homologación entre la asociación libre, como regla inaugural del psicoanálisis, y la improvisación teatral, resulta evidente que, como lo plantea Jacques-Alain Miller,

Gustavo Geirola

Del deseo innegociable del teatrista y de las faltas

Las entrevistas pusieron en mis manos un saber teatral estupendo y me animaría a afirmar, después de escuchar a tantos directores, que se es director por deseo—más que por amor al teatro—y por "prepotencia de trabajo", como decía Roberto Arlt, un autor que me es muy querido; cada proyecto es para el teatrista latinoamericano, como quería Arlt, un "cross a la mandíbula" de la realidad. Son pocos los directores que logran vivir del teatro; muchos de ellos apoyan sus aventuras con una cátedra universitaria u otros empleos alejados del trabajo artístico; algunos tienen cierta continuidad de trabajo y otros, por opción o por circunstancias que van más allá de su voluntad, tienen cierta intermitencia. Lo cierto es que, a diferencia de Estados Unidos, por ejemplo, el teatro latinoamericano – como mencionamos anteriormente— no se desarrolla mayormente en el espacio universitario; aunque hay países en que este modelo estadounidense tiene vigencia, gran parte de las experiencias teatrales de "nuestra América" se realizan fuera de los claustros. Las restricciones jurídicas y administrativas en vigencia en Estados Unidos hacen que los grupos independientes tengan allí menos posibilidades de proliferar y de sostenerse, en muchos casos, por la terrible competencia que representa el teatro comercial de las grandes capitales, engolosinado muchas veces con los despliegues tecnológicos impuestos por la industria—y la ideología— del entretenimiento a las masas de espectadores. No parece ser éste el caso de muchos grupos en América Latina, aunque obviamente, si hay por un lado ciertas flexibilidades, hay también diferentes dificultades por el otro, que no son menos amenazantes para la tarea teatral, tal como parece ser la desesperada necesidad de ceder a las demandas internacionales impuestas por la globalización bajo la forma de festivales y giras.

"se invita al paciente a ser irresponsable" (220). Esto no significa que, tanto el encuadre psicoanalítico como el ensayo teatral, como se lo puede ver en Lacan y en Stanislavski, no estén atravesados por una ética.

He tenido la impresión al momento de realizar las entrevistas que, a diferencia de lo que ocurrió en décadas anteriores, allá por los sesentas, los directores actuales de la región trabajan en completo aislamiento unos de otros; ya no hay esos encuentros que se organizaban con frecuencia y que permitían un diálogo entre artistas que se conocían y cotejaban sus perspectivas varias veces al año en diversos países y particularmente en Cuba. Buenaventura sabía desde Colombia perfectamente qué hacía Atahualpa del Cioppo en Montevideo. Hoy en día algunos directores conocen el trabajo de otros porque se han cruzado en un festival, pero no se toman el tiempo de aquellos maestros para debatir cuestiones teatrales, políticas o culturales cruciales para el hacer del teatrista.

A esta falta de encuentros para discutir conceptos, se suma otra, la desaparición del crítico teatral. En esta época en que nos hicieron creer en el debilitamiento o la muerte de las ideologías y apurados como nos tienen con esa idea de *political correctness*, a veces malsana por mal entendida y mal aplicada, muchos directores no solo echan de menos la falta de diálogo con sus colegas, sino también aquel 'malestar' (que la perspectiva del tiempo demostró ser saludable) provocado por un buen crítico de teatro; se tienen que conformar en estos tiempos con una reseña periodística y, en algunos casos, si han resultado favorecidos, con algún trabajo académico que los interrogue sobre su hacer y sus presupuestos estéticos e ideológicos.

Como nos permiten apreciar las entrevistas, dirigir un espectáculo involucra—además de conocimientos técnicos precisos en muchas disciplinas y metodologías de trabajo que faciliten la fluidez y el máximo aprovechamiento de las aptitudes y habilidades del equipo involucrado en el proceso de ensayo y de producción—saberes resistentes a las recetas. Me refiero a la capacidad del director de conocerse a sí mismo, de interrogarse sobre su deseo, sobre su lugar como sujeto de liderazgo en la perspectiva de su equipo, sobre su posición en el contexto socio-político en el que realiza su tarea, en la forma en que responde a las demandas de productores y público, su capacidad de calibrar, por medio de los diseños espaciales y estéticas convocadas, el juego con las *demandas* y los *deseos* de quienes trabajan con él (incluyendo el de los productores privados o institucionales) y los modos de *goce* naturalizados en las convenciones teatrales que se ponen en acción en cada espectáculo.[18] Las nuevas promociones de teatristas tienen una preocupación con la cuestión del sentido; ya no operan a partir de una idea clara que quieren transmitir al público, a la manera de una verdad que serviría para adoctrinar o manifestar una participación política explícita. No se sienten dueños de ninguna verdad y desafían la consistencia y producción misma del sentido. Como lo plantea Mariana Mazover,

> A mí me gusta tener que hacer algo distinto a lo anterior, pero no como una especie de mandato de no repetirse; sino que se trata de volver a correr el riesgo de no saber cómo se hace realmente algo, de que el proceso de dirigir se dé como un proceso de investigar y también encontrar cómo escribir y no saber cómo eso se elabora escénicamente. (*¡Todo a pulmón!* 14)

O, con palabras de Román Podolsky:

> dirigir sería estar en relación a una orientación e ir conduciendo a un grupo en función de esa orientación que va surgiendo inherente al trabajo. Esto implica—por lo menos muchas veces en el modo en que yo lo hago, en el modo en que yo entiendo la dirección y que voy trabajando—no tener claro en el punto de partida hacia dónde se está yendo y esto genera la necesidad de ir descubriendo en ese proceso cuál es la orientación que ese proceso va dictando. Esto quiere decir que, en el punto de partida, por ahí no sabemos necesariamente de qué se trata el asunto y, más que pelearnos o entrar en conflicto con esta realidad, se trata de ir navegándola, de ir encontrando los puntos que permitan ir aproximándonos a esa orientación. [...] Si hablamos, por ejemplo, de un trabajo de dramaturgia del actor que tiene que ver con trabajar a partir de un tema, pero no saber cuál es la dramaturgia que va a resultar, los niveles de

---

[18] Uso estos términos en estricto sentido lacaniano.

incertidumbre son grandes en el punto de partida, porque no sólo hay que montar un espectáculo, sino que hay que inventarlo, digamos, hay que inventar una obra, hay que inventar un texto. (*¡Todo a pulmón!* 82-83)

Verónica Pérez Luna apunta a lo mismo cuando subraya que:

> Somos un grupo que constantemente analiza y escribe lo que hacemos en la escena. A su vez, desde la escena nos lanzamos a probar siempre algo que no conocemos. Un saber que aún no hemos alcanzado. (175)

Dirigir una obra también requiere cuestionar el lugar que se ocupa en la historia del teatro en general y del teatro de su país o localidad en particular, su conceptualización de la memoria cultural y su involucramiento en formas de producción de placeres colectivos, empezando con sus lecturas y su formación, y finalizando con sus propuestas escénicas, la selección de sus autores, temas y estrategias de promoción de su trabajo, a veces en circunstancias políticas extremadamente peligrosas. Imagino que estas entrevistas pueden aportar al debate sobre estas cuestiones y abrir el campo de discusión para otras que seguramente están activas entre los teatristas latinoamericanos de hoy. Guardo la esperanza de que los directores vuelvan a escribir sus procesos, de que las instituciones favorezcan el trabajo teórico sobre la praxis teatral por medio de la organización de encuentros, la publicación y promoción de nuevos materiales relativos al hacer del teatrista; de que renazca la figura del crítico teatral y tenga el espacio periodístico que merece y, finalmente, de que los académicos comiencen a contribuir a cuestiones teatrales más allá del análisis del texto dramático y del texto espectacular.

SEGUNDA PARTE:

Dos reflexiones breves sobre la praxis teatral

y la enseñanza

Introducción

He enfatizado el hecho de que las entrevistas de *Arte y oficio* como las de *¡Todo a pulmón!* constituyen un corpus de saberes producto de la experiencia de talentosos teatristas que desarrollan su arte en el enclave de su aquí y ahora históricos, en los que les tocó vivir. Insinué que la lectura de este corpus podría permitir, a las nuevas generaciones de teatristas, evitar recorrer una vez más los caminos ya recorridos por otros y, no sin cierto optimismo, sugerir que, de hacerlo, podrían iniciar su tarea teatral desde lo ya sabido como quien parte de una posta, para abordar lo todavía no explorado. Sin duda, esto sería lo ideal, pero lo cierto es que pareciera como si no se les pudiera ahorrar a los aprendices de teatro el andar por sí mismos su propio camino desde cero, aunque éste haya sido recorrido mil veces antes por otros. Sin duda, ese ideal quiere sostenerse en la posibilidad de un saber teatral trasmisible lo cual supone, en cierto modo, la configuración de un saber universalizable (veleidad de la que no está exento ni siquiera Stanislavski con su Sistema) que alguien podría aprovechar por medio de una aplicación, personalizada o no, para configurar sus propio espectáculo.

En las artes la cuestión se plantea como trasmisión de una técnica; en particular, en el teatro al entrenamiento corporal y vocal se suma alguna información adicional sobre historia del teatro, semiótica y algunos estilos estéticos; estos saberes toman cuerpo institucional en escuelas o universidades a partir de diversas estrategias pedagógicas. Adquirida dicha técnica, corresponde al maestro sacar el mejor uso de las habilidades de sus estudiantes para construir una obra; luego, cuando el estudiante se gradúa, optará por reproducir o no lo aprendido, dar o no testimonio de la técnica aprendida. Usualmente, los actores en formación, sobre todo en América Latina, tienden a asistir a tallers o escuelas a cargo de maestros alternativos, fuera de las instituciones, aunque algunos de estos maestros tienen su propia escuela, lo cual supone cierto encuadre institucional. Así, la creatividad, auxiliada por el entrenamiento técnico, comienza a orientarse hacia otras metas fuera de la institución universitaria o, en caso de formar elencos con otros maestros, fuera de la escuela.

La enseñanza de la teoría es siempre problemática en el caso de la universidad y de las escuelas; primero, porque se tiene una idea de la teoría como abstracción que, amén de las dificultades que presenta su estudio, el teatrista siente, y a veces con razón, que resulta completamente inútil al momento de una puesta escena. En general, los corpus teóricos que se trabajan en el campo teatral son académicos y sirven a los académicos los cuales, en general, no son teatristas y no tienen demasiada idea de lo que ocurre en un ensayo teatral. Segundo, porque hay también la idea de la teoría como algo aplicable y que, de hacerlo, aseguraría ciertos resultados. Lo cierto, por el contrario, es que ni un excelente manejo de las técnicas actorales-directoriales, ni la aplicación de una teoría resultan, como hemos dicho antes, en garantía de una creatividad singular e innovadora. En las escuelas, y desde Stanislavski hasta hoy, los maestros han desvalorizado la teoría en beneficio de una práctica concebida como entrenamiento y cuyos basamentos teóricos a veces son nebulosos y, por lo tanto, poco controlables o imposibles de desafiar para promover la creatividad. Tal vez lo peor en estos casos es asumir que ciertos conocimientos históricos y estéticos son 'teoría". En el otro extremo de lo institucional se alza el peligro de un eclecticismo casi exhibicionista, a veces avalado por la demanda de trabajo, sobre todo en el teatro comercial, la televisión y el cine, que obliga a los teatristas a diversificarse en múltiples técnicas para poder responder al mercado laboral. Me he visto enfrentado a este eclecticismo a veces muy snob en espectáculos en los que la destreza técnica no aporta nada a la profundidad del plateo escénico. Algunos teatristas tienden a engolosinarse con una técnica recientemente adquirida y recurren a ella sin realizar una reflexión más profunda sobre la relación entre la propuesta y lo que ésta realmente solicita. El resultado es una superficialidad que, en los mejores casos, alcanza solo el nivel del *entertainment*, muchas veces avalado por los recursos tecnológicos, usados de la misma manera irreflexiva.

Frente a este panorama, trataré de abrirme camino en cuanto a la enseñanza del teatro hoy. No descuido el hecho de que todo estudiante de teatro, además de tener su propio contexto socio-histórico, tiene su propia singularidad como sujeto y, además, lo quiera o no, se inserta en una tradición particular (ese gran Otro de Lacan) que puede capturarlo o frente al cual puede insubordinarse. No es necesario insistir en que gran parte de estos enclaves se despliegan a nivel inconsciente, lo cual no deja de configurar un problema muy puntual al momento de imaginar una enseñanza que, por un lado, se propone como la trasmisión de un saber ya probado y, por otro, también alardea de una pedagogía orientada a la invención y la creatividad.

Resulta hoy bastante fácil—aunque pueda haber múltiples debates al respecto— trasmitir cierto saber al momento de pensar un proceso de puesta en escena basado en el análisis de un texto dramático y las diversas estrategias (artísticas y financieras) que se necesita poner en juego para alcanzar un texto espectacular digno de contar con un público. Mal que mal las academias se las han arreglado con esta modalidad de trabajo y, aunque sus estudiantes, una vez activos en el campo profesional, luego se nieguen a reproducirla, no invalida el hecho de que haya acuerdo sobre la consistencia 'universal' de dicha modalidad. El Sistema de Stanislavski se ha impuesto globalmente, con variaciones debido a sus diversos trasmisores, así como ciertos abordajes semióticos al análisis del texto dramático y del texto espectacular.

PRIMERA REFLEXION

El teatro argentino reciente: la impronta de Eduardo Pavlovsky

Las reflexiones que voy a realizar, sin embargo, parten de una circunstancia actual en la que, en general, no hay texto dramático previo o bien se favorece una dramaturgia de actor que, incluso, como vimos en las citas de Román Podolsky y Pérez Luna, a veces se trata de un proceso que no reconoce ni tema ni idea previa. Aunque esta modalidad pueda tener representantes en otros países latinoamericanos, voy a enfocarme en Argentina y no solo porque conozca mejor el campo teatral de mi país, sino porque me animo a afirmar que la figura de Eduardo Pavlovsky toma un rol paradigmático, asumido por teatristas posteriores con diversas modulaciones.

Eduardo Pavlovsky (1933-2015), médico y psicoanalista, actor y dramaturgo, va a plantear una estrategia de trabajo teatral que, con ciertas pautas notoriamente provenientes del psicodrama, él describe en trabajos como *La ética del cuerpo* y otros ensayos en los que, a pesar de ser muy crítico de cierta modalidad en la práctica del psicoanálisis en Argentina, no obstante reconoció siempre la impronta de Freud y de Lacan, así como, más tarde, asumió la influencia de Gilles Deleuze y Felix Guattari, llevando a la praxis teatral conceptos como la multiplicación / multiplicidad dramática, la intensidad, el devenir y el rizoma, la rostridad y la micropolítica, etc.[19] Ricardo Bartís, quien ha trabajado con Pavlovsky, señala esta contribución del teatro argentino a la praxis teatral contemporánea:

> A mi entender es allí donde hay, en los últimos años, aportación de la escena argentina al teatro del mundo (no es que sea un problema argentino, sino que ha recibido el aporte de varios directores argentinos). Hay algunos trabajos que han interesado

---

[19] Invito a leer el texto de Matías Feldman incluido en (*Detrás de la escena* 45-52) para medir el impacto de Deleuze y Guattari en los teatristas post-Pavloskianos.

en distintos lugares del mundo, en base a este procedimiento, que pondría el acento en la búsqueda de elementos autónomos en la escena, que no derivan de un texto preexistente o de ideas preexistentes, sino de las poéticas que esas expresiones actorales vayan generando en combinación con la dirección, en la cual el trabajo de improvisación deja de ser entonces un trabajo de aproximación hacia un texto dado y empieza a ser el basamento de búsqueda y de campo de experimentación de territorios tonales, energéticos, figurativos en el sentido de pequeñas construcciones momentáneas de desarrollo, sobre las cuales después—como si fuera eso una base de soporte—van a funcionar ciertos textos. (*Arte y oficio* II 109-110)

Es probable, como cree Jacques-Alain Miller en *Todo el mundo es loco* (42), que cuando se haga la historia del pensamiento del siglo XX, se reconozca la influencia de Jacques Lacan en pensadores posteriores, como Roland Barthes, Michel Foucault, Gilles Deleuze y otros que explícita o implícitamente retomaron la aproximación lacaniana y la debatieron en sus propias disciplinas. Me importa, en lo que respecta a lo que me propongo elucubrar en las reflexiones que siguen—incluso en el desafío que significa atenerme a unas pocas páginas—situarme en un término que Pavlovsky gustaba mencionar y que había tomado, según nos cuenta, de Julio Cortázar. Me refiero al "coágulo" como disparador de su tarea actoral y dramatúrgica. Me atrevo a pensar que muchos teatristas actuales inician su proceso creativo más o menos de la misma manera. Intentaré brevemente indicar al menos el campo de exploración que se genera a partir de aquí y unas pocas consecuencias, entre muchas, que podrían conceptualizarse.

Del coágulo de Pavlovsky al sinthome lacaniano

¿Qué es el coágulo? Según Pavlovsky, es una imagen o frase insensata que lo asalta y que luego comparte con su grupo de teatristas, el cual, mediante improvisaciones y técnicas tomadas del psicodrama, va dando lugar a una escritura dramática *a la vez que* se realiza el montaje. Pavlovsky va escribiendo y reescribiendo constantemente lo que emerge del trabajo actoral y directorial, de modo que se pone en crisis el concepto de autor y el de representación. Esta re-escritura se prolonga incluso durante y hasta después de las funciones. No voy a repetir aquí lo que desarrollé en extenso en otro trabajo.[20] En esta ocasión quiero, en cambio, desde una perspectiva lacaniana, abordar el coágulo. Lo haré muy brevemente, porque mi interés en este caso es dar un marco para problematizar la enseñanza institucional de la praxis teatral, cuando se parte de esta metodología que, como dije antes, va ganando terreno entre los teatristas.

Miller ha señalado etapas en la enseñanza lacaniana y ha subrayado el hecho de este constante repensarse o reinventar el psicoanálisis cada vez, siguiendo el ejemplo de Freud, como una manera de enfrentar los desafíos generados por la práctica y, en cierto modo, por ese impulso a impedir todo tipo de cierre y de ortodoxia y dogmatismo. Así, en un comienzo, Lacan, a partir de una crítica a la lingüística y en parte siguiendo la herencia de Freud en cuanto a querer proveerle al psicoanálisis con un estatus de ciencia, va a hablarnos de las formaciones del inconsciente (sueño, lapsus, olvido, acto fallido, etc.) y va a agregar el síntoma. Estamos en la etapa de la teoría/lógica del significante, de las fórmulas de la metáfora y la metonimia, de la interpretación. En estas formaciones, se trata de un sentido capturado, que escapa a la conciencia del analizante, y que el trabajo analítico, por medio de la interpretación construida por el analista, la haría accesible a la conciencia. Se habla, así, de "resolver el síntoma". En esta etapa, Lacan se ocupa de la cuestión del deseo; más tarde inventará el famoso objeto *a*, como causa del deseo, que es siempre una falta. Según Miller, en esta etapa de su enseñanza, "Lacan dice que el síntoma es un grito, el sujeto grita con su síntoma lo que su deseo fue en su historia" (Miller 291); y agrega: "en el grito del síntoma

---

[20] Cfr. mi ensayo "Antecedentes psicoanalíticos de la nueva dramaturgia argentina: Los textos "clínicos" de Eduardo Pavlovsky".

está concentrada toda la carga semántica de la historia" (Miller 291). Propongo pensar el coágulo como ese grito, al principio insensato, como un concentrado de la historia del sujeto, recordando "el sentido que Lacan le dio a la palabra 'historia', a saber la facultad a la que la palabra le da un sentido" (Miller 291).

Más adelante, Lacan producirá un cambio de dirección en su enseñanza, en la cual comenzará a plantearse la cuestión del goce y a problematizar la cuestión del sentido. La interpretación puede dar sentido a lo que aparecía como insensato, pero no siempre resolvía el síntoma, que permanecía. Formula, entonces, "que el goce propio del síntoma excluye el sentido" (Miller 292). Incluso, ocurre que la interpretación, impotente para resolver el síntoma, promovía la repetición, insistencia del goce. Así, el objeto *a* comienza a teorizarse como "condensador de goce" (Miller 292) y, aunque "sigue dependiendo de la operación significante" (Miller 292), siempre queda una opacidad del goce que no se resuelve por el sentido, que permanece ajena al sentido. Goce y Real se instalan así como lo que no puede ser significantizado. Lacan entonces postula el *sinthome* (que Miller sigue escribiendo 'síntoma'), lo cual lleva a un "forzamiento necesario para que ese goce propio del síntoma entre en el reino del sentido" (Miller 293). Así, por un lado, tenemos un trabajo con el significante y la interpretación, con el sentido; por el otro, en cambio, nos la vemos con el goce, con la fuga del sentido.[21] Si el fantasma, esa pantalla que separa al sujeto del objeto *a*, causa de su deseo, podía atravesarse, ahora nos encontramos con que el sujeto, en cuanto al goce, no tiene más que arreglárselas, es decir, percatarse de un modo de goce

---

[21] En la última enseñanza lacaniana "lo importante en la experiencia analítica no es que el significado esté determinado sino el hecho de que el sentido se fugue. [...] El sentido en tanto fugado se conecta directamente con el agujero" (Miller 205). En un contexto cultural tan marcado por el psicoanálisis con el de Argentina, no sorprende que esta idea de la fuga del sentido haya impactado a Pavlovsky y a muchos teatristas posteriores. Fugarse, huir, es también una conceptualización que, viniendo del *Mil mesetas* de Deleuze, toma vuelo en *Poroto*, de Pavlovsky.

que no siempre o difícilmente se puede modificar. Para trabajar el sentido, tenemos que recurrir a lo simbólico, la ley, lo que Lacan denominó el Nombre-del-Padre, que ahora queda, si puede decirse de ese modo, un poco impotente frente al goce opaco del síntoma, "goce opaco —escribe Lacan— por excluir el sentido" (*Otros escritos* 596). Por eso Lacan dirá que podemos no creer en el Nombre-del-Padre, a condición de seguir usándolo, porque es la única vía que tenemos para, si no acceder al sentido que no hay en lo Real, justamente *inventar* el sentido, esto es, *inventar* lo Real.

Y aquí me detengo, sin dejar de disculparme por una brevedad indudablemente irresponsable. Me importa subrayar el hecho de que este teatro que se está gestando, no está intentando interpretar algún tipo de enigma (social, histórico, etc.), tampoco –como ocurría con la creación colectiva—desmontar el imaginario socio-cultural, la ideología, para mostrar los mecanismos de opresión a nivel 'inconsciente', sino que se propone atravesar el fantasma, hacerse cargo de la opacidad del goce y de alguna manera inventarle un sentido al goce y a lo Real a partir de una praxis teatral que justamente promueve espectáculos viscerales, en la medida en que allí la superficie que importa ya no está dada por las palabras, sino por el cuerpo.[22] En efecto, dos términos que se venían usando comienzan a conceptualizarse diferentemente: experiencia e investigación ya no suponen tanto abordar documentos o invitar a historiadores o sociólogos al ensayo, sino orientar la praxis teatral por aquello que surge como 'opaco goce' durante los ensayos y que involucra al grupo, a los fantasmas del grupo y que, sin duda, tienen que ver con el inconsciente, no colectivo (Lacan siempre rechazó ese término junguiano), sino en tanto transindividual, en la certeza de que, una vez tocado ese Real, se asume que involucra al grupo y a la sociedad de la que ese grupo proviene y en la cual trabaja. Como bien lo dice Verónica Pérez Luna, "[e]n nuestro trabajo, este sentido ético del goce es fundamental.

---

[22] Lacan afirma que "el hombre tiene un cuerpo, o sea que habla con su cuerpo, dicho de otro modo, que *parlêtre* [hablaser] por naturaleza" (en "Joyce el Síntoma", no la conferencia del 16 de junio de 1975, sino el texto de 1997 incluido en *Otros escritos* 592).

No podríamos, sin él, llegar a la profundidad de nuestras investigaciones" (193). En esta etapa más avanzada de la enseñanza lacaniana, ligada al goce, ya no prima la cuestión del lenguaje –de lo simbólico, aunque no podamos prescindir de él— sino aquello que Lacan denominará con el neologismo 'lalengua', que apunta hacia un uso singular del lenguaje que solo vale para *un* sujeto. Y un colectivo teatral es un sujeto.

A ese teatro que ahora atraviesa el fantasma de cada cual, con sus propios éxtasis y sufrimientos, y está concernido con el goce y lo Real, que ya no se engaña en cuanto al lenguaje y se hace cargo de lalengua, no le queda otro camino que trabajar el sinthome en esa trama de la vida en la que no es fácil "encontrar el hilo" (Lacan, *Seminario 23* 160). Y esto porque, como lo plantea Lacan en su "Joyce el Síntoma", conferencia incorporada por Miller al *Seminario 23*, "el síntoma es puramente lo que condiciona lalengua" (*Seminario 23* 164). No sorprende que Lacan, en esta instancia, se ocupara de los nudos, cuyo entramado supone una serie de cuerdas de las cuales a veces se tira de una, a veces de otra. Anudado al inconsciente, el sinthome, afirma Lacan, como acontecimiento de cuerpo (*Otros escritos* 595), "es lo que hay de singular en cada individuo" (*Seminario 23* 165) y, agrega, se anuda al cuerpo, "es decir, a lo imaginario, por anudarse también a lo real y, en tercer lugar, al inconsciente", lo cual constituye su límite, porque arrugado o desplegado, siempre es un nudo.

El sentido, la verdad y la varidad

Y esto importa en cuanto al estatus de la verdad: no hay *una* verdad que podría interpretarse y con ello resolver el síntoma o cancelar el enigma. Muy por el contrario, hay *varidad* (otro neologismo lacaniano), lo que quiere decir que la verdad se hace y se deshace, o mejor, hoy hay una y mañana hay otra. Hay una variedad de la verdad, esto es, varidad. Al trabajar sobre el síntoma y lalengua, el teatrista trabaja su propia lengua, como Joyce, pero una lengua que no es analizable y, por lo tanto, hace de éste un "desabonado del inconsciente", porque al no ser analizable, podría no concernirle más que al sujeto, sin pretender atrapar el inconsciente de alguien. Al hacer su propio síntoma, como Joyce, el teatrista hace su propio teatro, explora su goce o, como lo plantea Román Podolsky, "hay una dimensión del teatro que tiene que ver [...] con que estamos embarcados juntos en un asunto que no le importa a nadie" (*¡Todo a pulmón!* 86).[23]

Y esto es paradójico, porque si Lacan se pregunta por qué Joyce publicó ese sueño titulado *Finnegans Wake*, esto es, el despertar aquí insinuado, cuyo corte[24] con el soñar o con el dormir no es más que un instante para seguir soñando o durmiendo, entonces el teatrista no deja de hacer una chispa para un despertar de su comunidad, aunque luego se siga durmiendo. Como lo plantea Bartís respecto al teatro cuando se lo concibe no como representación sino como creador de acontecimientos:

> Que sea de tal nivel de singularidad, de intensidad poética, de estallido, que momentáneamente desestabilice la percepción de lo que es dado en llamar 'la realidad', o por lo menos nos haga pensar—no digo en el momento en el que eso sucede—sino en algún momento (además no lo pienso al pensamiento como un pensamiento, sino más como algo sensible) que la realidad es una ficción estabilizada y que el teatro debe tener una voluntad de cuestionamiento a esa realidad capturada. (*Arte y oficio* II 110)

En fin, digo paradójico – incluso desconcertante o sorprendente, como Lacan plantea para Joyce (*Seminario 23* 165)— incluso más cuando se trata de un teatrista que se alimenta del aplauso del público, que no

---

[23] Recordemos que Binetti afirma también que el teatro que la nueva generación hace no le importa a nadie. Esta cuestión abre un debate que no podemos realizar aquí.

[24] En palabras de Bartís, hablando de los ensayos teatrales: "cierta aparición momentánea de algo arbitrario, pero lo suficientemente singular y potente, algo que, en lo aparente, quiebra y corta pero, por otro lado, produce campo de sujeciones y de sugestiones" (*Arte y oficio* II 114).

podría, como es el caso de un escritor, no publicar y dejar, en tal caso, esa tarea para la posteridad. El teatrista deberá calibrar el nivel de arrugamiento o despliegue del nudo que pone en escena; salvo que llegue a una radicalidad total, como para dar trabajo a los académicos por muchos años, según Joyce ironizaba respecto a su *Finnegans*, el teatrista deberá posicionarse, no obstante, entre deseo y demanda (dos conceptos claves de Lacan), esto es, su deseo y la demanda del público, si quiere continuar inventando despertares. Aldo El-Jatib comenta en una entrevista publicada en el diario Página 12, realizada por Cecilia Hopkins y titulada "Otra apuesta al riesgo escénico", que "Los espectadores tienen que venir predispuestos para que les suceda algo que no pasa por el entendimiento racional. Generalmente el espectador de teatro quiere entender, porque la lógica le produce seguridad.[25] Así que si se encuentran con algo que les habla desde la lógica de los sueños puede producirles rechazo". Y si la lógica de los sueños no deja de exigirle al público "[c]omo pedía Artaud, [...] una actitud heroica", uno puede imaginar lo que le ocurre cuando ya ni siquiera se pondría en escena lógica alguna. De modo que lo Real, ese ombligo del sueño nunca interpretable del que hablaba Freud, solo es presentable a condición de admitir cierta dimensión del sentido.

Lo que hay que retener de todo esto es que el síntoma, en tanto goce, supone una exclusión del sentido (*Seminario 23* 63) y, como sabemos, hay que seguir engañándonos un poco pensando que lo Real podría producirlo; en todo caso, lo cierto es, como afirma Lacan, que incluso sabiendo que "solo [puede] alcanzar fragmentos de real" (*Seminario 23* 121), frente al público, el teatrista no puede prescindir del sentido, de promover un semblante de la verdad, por cuanto "lo verdadero causa placer, y esto lo distingue de lo real [que] no produce forzosamente placer" (*Seminario 23* 76); de modo que como artista, el teatrista, con su

---

[25] Uno de los acontecimientos políticos por excelencia en la historia de la praxis teatral fue el momento en que Aristóteles, en su *Poética*, captura el teatro como acontecimiento de cuerpo y lo encorseta con la lógica narrativa, con pretensiones de universalidad. Este aspecto lo investigo en un ensayo que se publicará próximamente.

saber hacer, deberá resolver la cuestión por vía de lo simbólico, usar el Nombre-del-Padre, ese tesoro, ese reservorio de relatos y tradiciones, de memoria cultural por la que pueda abordarse el sentido que compete al deseo y por ese camino "hacer pasar" a la puesta en escena lo singular de lalengua como *acontecimiento* de cuerpo, abordando aquello opaco, (casi) imposible de significar. Su trabajo será un relato de la actuación, como quiere Bartís –o "relato a partir de una dramaturgia de los cuerpos", como lo denomina Pérez Luna (188)—, que más allá de lo que cuenta la obra, contornea y alude a un vacío (de sentido). Incluso para cuando se trabaja en un encuadre más tradicional, a partir de un texto dramático, el teatrista debe poner su saber hacer a trabajar contra el significante: "Uno se apoya *contra* un significante para pensar" (Lacan, *Seminario 23* 153, el subrayado es mío).

Andrés Binetti hace tres señalamientos que vale la pena comentar. En primer lugar, como ocurre con Bartís, Pérez Luna y otros, afirma estar interesado, por un lado, en "el relato, lo que se está contando y [por] el otro algo más intuitivo, más emocional [...] que tiene que ver con qué pasa con esos cuerpos en el espacio y con ese despliegue que hacen los actores" *(¡Todo a pulmón!* 123). También como otros teatristas, enfatiza que le "interesa más otro proceso de ensayo que tiene que ver con conjuntarse, ver qué pasa, ver cómo hacemos lo que tenemos que hacer. Siempre—subraya Binetti—la incertidumbre es productiva" *(¡Todo a pulmón!* 126). En segundo lugar, al reflexionar sobre el trabajo teatral en Buenos Aires, sobre todo el de su generación, afirma que "[n]uestra propia *variabilidad* es lo que hace que no necesitemos la idea de parricidio, la idea de matar al padre,[26] de la que tanto se habló, que sucedió entre la generación del 90 y la del 70; nosotros no necesitamos matar al padre y

---

[26] Es interesante y habría que sacar las consecuencias para la praxis teatral cuando, como hace Binetti, se afirma no que "el padre está muerto" o que "Dios ha muerto", sino que no hay necesidad de matarlo. No se sabe si el padre ha muerto y él no lo sabe, ni tampoco se dice, como cree el hombre moderno, que Dios ha muerto y que "él cree saberlo" (Lacan, "Discurso a los católicos" 37). Me atrevo a decir que aquí se hace nudo con la doble orientación de abordar lo Real, a partir de lo no sabido, a la vez que se recurre al Nombre-del-Padre para darle sentido.

está buenísimo y no necesitamos hegemonizar una estética [...] nosotros hacemos lo que tenemos ganas o lo que sentimos que hay que hacer en el aquí y ahora y por ahí, dentro de cinco años, hay un cambio" (*¡Todo a pulmón!* 127, el subrayado es mío). Esta idea de no pensar en una obra como un proyecto de homogeneización de una estética o de un trabajo es muy liberadora porque pone en funcionamiento la cuestión del deseo. Al copiar esta cita, no pude reprimirme y puse bastardilla a la palabra "variabilidad", porque inmediatamente me pareció que daba cuenta de la *varidad*, tal como Lacan la planteó y que hemos comentado antes. Es asumir que hay verdades y no una verdad, que esa verdad es contingente, que hay un devenir (para usar la palabra deleuziana) y que "el devenir es el proceso del deseo" (Deleuze y Guattari 275). Y no es sorprendente entonces, en tercer lugar, que Binetti se interrogue sobre la cuestión del cuerpo, del cuerpo del actor y la actuación en su dimensión política: "[n]o en lo temático, no de la pregunta que instala, sino realmente de ese cuerpo, de esa actuación y qué teatro sostiene eso; cómo se puede hacer un teatro que sostenga un cuerpo político. No lo sé.—Agrega—Lo voy a investigar" *(¡Todo a pulmón!* 145).

Nuevamente, observamos cómo va elaborándose una praxis teatral en la que van convergiendo prácticas diversas pero que parecen estar orientadas hacia una experiencia tal como hemos querido imaginarla en este libro. Andrea Garrote reflexiona sobre el arte contemporáneo y, a su modo, no deja de plantear el Otro-que-no-existe y que entonces queda invalidado también cualquier intento parricida: "Una de las características distintivas del arte contemporáneo es que no posee centro. Es un conjunto de periferias simultáneas. Ya no hay un modelo que copiar, desarrollar, perfeccionar, para luego romperlo e instalar otro. Cada uno en su historia. Otra vez la realidad estallada" (*Detrás de la escena* 42). Tal vez Garrote se separa de los otros teatristas que venimos citando en este ensayo, al asumir que "[y]a no se juega nada serio en el terreno de la imposición de una estética" (*Detrás de la escena* 42), cuando lo que realmente pareciera ocurrir, al menos en el teatro argentino, es una profunda y seria politización del saber-hacer y de las opciones que éste supone.

El trabajo con lo imaginario, como productor de sentido, excluye el nudo y aplana la trama de sus cuerdas en una cadena significante.[27] De ahí que Lacan afirme que su aporte, como su invención del objeto *a*, sea ahora al final de su enseñanza que "el nudo es todo lo que ex-siste" (*Seminario 23* 63). No es sorprendente que, recientemente, se haya empezado a hablar de "escritura escénica", lo cual –a pesar de los usos indiscriminados que se hacen en estos casos— comienza a anudarse a la cuestión del cuerpo, del goce y de lo real, por cuando muestra adónde apunta el teatrista hoy. Si, como dice Lacan, "[c]uando se escribe, se puede tocar lo real, pero no lo verdadero" (*Seminario 23* 77), entonces la escena contemporánea ya no responde a la búsqueda de la verdad a nivel de la narración, sino que se orienta a lo real, aunque deba, sin embargo, balbucearlo por medio del lenguaje escénico al experimentar con una multiplicidad de materiales y las también múltiples posibilidades de descomposición, disolución de las convenciones heredadas.[28]

---

[27] Lacan dice en el *Seminario 23* que "Lo real, ese del que se trata en lo que se llama mi pensamiento, es siempre un fragmento, un cogollo. Ciertamente, es un cogollo en torno al cual el pensamiento *teje* historias, pero el estigma de ese real como tal es no enlazarse con nada" (121, el subrayado es mío). Es como si el imaginario, a partir de lo simbólico, también usara hilos para tramar una red que pretendería atrapar lo real. Esos hilos que surgen en la improvisación durante el ensayo teatral, quizá sean de donde se puede empezar a tirar para ver hasta dónde llega la red, cuánto aguanta y por dónde se corta. Reivindicamos así, como hace Lacan al final de su enseñanza, lo imaginario, que había quedado un poco fuera de lado cuando, al comienzo mismo del *Seminario 11* había definido al psicoanálisis como una praxis, siendo éste "el término más amplio para designar una acción concertada por el hombre, sea cual fuere, que le da la posibilidad de tratar lo real mediante lo simbólico. Que se tope con algo más o menos de imaginario no tiene aquí más que un valor secundario" (14). Ahora es por medio de lo imaginario que podemos inventar lo Real.

[28] Dejo por ahora de lado la cuestión del sinthome como "no equivalencia sexual" (*Seminario 23* 99). El sinthome está del lado del no-todo, de lo que Lacan denomina 'la mujer'. Podolsky, al responder una pregunta sobre si es más o menos difícil en el ensayo dirigir a un actor que a una actriz, afirma que "la relación que la mujer tiene con el vacío, no la tiene el hombre". Sin embargo, tal como Lacan lo planteaba para San Juan de la Cruz en el *Seminario 20*, Podolsky comenta que "también hay hombres cuya mirada es amplia e inspiradora", esto es, como diría Lacan, "Uno puede colocarse también del lado del no-todo. Hay

Por todo esto, porque "el lenguaje come lo real" (*Seminario 23* 32), porque lo Real es un verdadero agujero que lo simbólico no logra cubrir, porque no se puede atribuir un sentido a lo Real, porque lo real es sin ley, desordenado (*Seminario 23* 135), el psicoanálisis, como la praxis teatral, no pueden encuadrarse en el campo de la ciencia, que no se cansa de construir teorías y modelos que *supuestamente* darían cuenta de lo Real porque, para la ciencia, hay sentido en lo Real, hay alguna ley, un tipo de orden del que ella pretende dar cuenta. Por eso Lacan afirma que el científico es loco, delira respecto de lo real; la ciencia es así equivalente a un delirio, como el del psicótico, con su afán de totalidad. El psicoanálisis y su praxis, como el teatro y la praxis teatral, se definen como *arte*, esto es, como un saber hacer; ambos no se involucran ni en lo científico (aunque Freud y el primer Lacan lo pretendieran) ni en lo religioso, en la medida en que asumen que "hay algo de lo que no podemos gozar. Llamémoslo—dice Lacan—el goce de Dios" (*Seminario 23* 59). Como vimos antes, en las palabras citadas de algunos teatristas, y comenzando con la praxis teatral de Pavlovsky, lo que queda fuera es justamente la idea de una figura de autor como quien gozaría del sentido total de su obra.

Y aquí entonces retomamos la pregunta que, tal como Lacan la formulara en un breve escrito, una nota brevísima, publicada en la revista *Ornicar?*, constituye lo que me preocupa: ¿se puede enseñar a nivel

hombres que están [ahí] tan bien como las mujeres" (*Seminario 20* 92). Podolsky agrega: "Nosotros [los hombres] tenemos que construir esa relación con el vacío, llegar a advertir que estamos llenos de nada. La mujer, por estructura, tiene otras afinidades con lo que no hay; la mujer tiene un vínculo con el vacío, bordea el vacío, tramita con esa cuestión [...] Creo que la asunción del vacío feminiza" (*¡Todo a pulmón!* 88). Como planteé antes, algunas preguntas de *Arte y oficio*, como por ejemplo si es más fácil dirigir a un hombre o una mujer, además de planear la cuestión de género, hace resonar las respuestas de los entrevistados por dimensiones mucho más complejas para la praxis teatral que las que habitualmente se discuten desde la cuestión de la identidad de género.

[29] Fechada el 22 de octubre de 1978, se la puede leer en http://www.teebuenosaires.com.ar/biblioteca/trad_10.pdf

institucional cómo trabajar a la manera de Pavlovsky, cómo trabajar a partir o alrededor del concepto del sinthome? Según Miller, Lacan escribió esta nota a pedido suyo para apoyar la enseñanza del psicoanálisis en la universidad.[29] Por eso me parece apropiada traerla a cuento aquí. Lacan se pregunta: ¿se puede enseñar el psicoanálisis? Si no se trata de una ciencia, si es una praxis que funciona caso por caso, entonces "¿Cómo hacer para enseñar lo que no se enseña?"

La praxis teatral y la enseñanza

¿Qué es una praxis teatral? Por cierto, como lo indica su designación, no es una teoría, pero tampoco es meramente una práctica y menos aún—como acostumbran sugerir algunos teatristas—un entrenamiento. Digamos, en principio, que *no* es una teoría (ni una filosofía del teatro) por tres grandes razones: no es un sistema de enunciados abstractos sobre el saber del teatrista; en segundo lugar, porque la práctica teatral involucra varias teorías y, finalmente, porque en el ensayo teatral, lugar en el que la praxis teatral se instala y ejerce, lo que importa es el saber-hacer. Ese 'saber-hacer' del teatrista poco tiene que ver con la idea de 'aplicar' una teoría o varias. Lacan, en sus últimos seminarios, mostró la forma en que James Joyce se las arregló con su sinthome, es decir, un saber-hacer con su goce. La praxis, entonces, no es una práctica basada en una teoría, por el contrario, la praxis teatral es un saber hacer cuyo foco es poner en tela de juicio aquello que suponemos aprendido y sabido, desestabilizar los saberes constituidos. Pensar, como vimos, es ir *contra* el significante.

En el ensayo, si es que éste no se plantea como una mera ilustración de un texto previo que se pretende mostrar públicamente (trabajo de los *teatreros* más que de un teatrista que se precie de tal), se trata de trabajar con lo no sabido, porque esto *ya* sabido opera reforzando la represión. Al respecto y aunque propuse limitarme al caso argentino, no resisto la tentación de citar la reflexión del famoso director peruano Mario Delgado, director de Cuatrotablas, también muy ligado al psicoanálisis, quien en la entrevista para *Arte y oficio*, liga muchos de los términos que venimos usando en este ensayo, tales como sueño, despertar, dormir; nos dice:

> En su trabajo, el director es mudo, a veces solamente consiste en sentarme y últimamente quedarme dormido, mientras ellos crean. Muchos dicen: "Mario se duerme". "Pero son treinta y un años sentado mirando actores, ¿Ud. cree que no me voy a dormir cuando comienzo a ver lo mismo que veo todos los días de mi vida?" Pero yo no me duermo, yo estoy soñando. "Piensen que sueño, y cuando ustedes comiencen a hacer algo interesante, que para mí es nuevo, que nunca he visto, me voy a despertar". Ahora, cuando me duermo, no es porque no me gusta lo que están haciendo, sino porque lo he visto mucho, y ya sé lo que va a pasar. […] Hoy día uno de los jóvenes de las últimas generaciones me dice: "Maestro, ahora entiendo que es un privilegio tenerlo durmiendo en el ensayo". (*Arte y oficio* I 11)[30]

El director Aldo El-Jatib, que dirige el grupo El Rayo Misterioso en Rosario, Argentina, y que además organiza el Festival Experimenta Teatro, también señala que "No hacemos un teatro que se basa en la información discursiva o en personajes, sino en imágenes de sueño, en sensaciones". Esos saberes ya adquiridos, que circulan por academias y escuelas, producto del trabajo de otros teatristas durante su praxis teatral, tienen a veces la pretensión de constituirse como Sistema, el de Stanislavski es el caso más ejemplar, y sin embargo en el legado del maestro ruso no es imposible atravesar los ejercicios para descubrir los fundamentos teóricos sobre los que, consciente o inconscientemente se basó. Imaginar un sistema, incluso si no hace explícito sus fundamentos teóricos, si se presenta como autosuficiente, como axiomas ensamblados y proposiciones deducidas o inferidas de dichos axiomas, que se postularían como sin exterioridad o sin fisuras, solo permitiría garantizar, a nivel de su

---

[30] Mario Delgado apunta aquí a un tema técnico de la praxis analítica y que la vemos operar productivamente en la praxis teatral: la atención flotante del analista, en contraposición a la asociación libre que está del lado del analizante.

práctica, una eficacia más que un saber. El sistema o la estructura, con afán científico, tal como hemos visto, son versiones posibles de lo real, pero no son lo real y menos aún lo sustituyen. Son, como quiere Lacan, delirios del científico, que se van sustituyendo a lo largo de la historia de la ciencia y que, por ello mismo, se muestran siempre como inadecuados a lo real. Pensar que un sistema o un modelo son eternos, exactos, definitivos, sería sostener que hay ley u orden en lo real y que la ciencia puede de una vez para siempre dar cuenta de ello. El científico se indigna—nos dice Lacan—"ante la sola idea de esta evolución [de las leyes], puesto el científico busca justamente una ley en tanto que no evoluciona" ("Discurso a los católicos" 96). Basta coquetear un poco con la historia de la Física para darse cuenta de la pretensión vana de los científicos. El real de la ciencia no es el real del psicoanálisis: el real de la ciencia es una postulación a partir de lo simbólico: se postula que hay saber en lo real; el inconsciente, en cambio, tiene un real que le es propio (Lacan, *Otros escritos* 585) y no es un saber; es, como dice Miller, "un real sin matema", una ausencia, un agujero (189, 202). Si la ciencia opera por medio de la determinación, un fenómeno está determinado por su causa, y así se lo trabajó y se lo sigue trabajando en el psicoanálisis; pero a partir de la ultimísima enseñanza lacaniana, se ha inclinado por la contingencia. El analista, como el teatrista, trabaja así en un desamparo total, porque los saberes adquiridos son de pronto inservibles frente a eso que emerge por medio de la contingencia y que no puede ser ni calculado ni es predecible por ninguna determinación, por ninguna ley científica. ¿No es esto lo que ocurre en los ensayos? ¿No es —y podrían ponerse ejemplos, tal vez incómodos— lo que ocurre con esos directores que marginan lo insensato que emerge en una improvisación porque, según ellos, no es *coherente* con el proyecto de puesta que llevan de antemano al ensayo o incluso con el texto dramático?

Esos saberes de la praxis teatral, más o menos sistemáticos, no constituyen una teoría como sistema, menos aún una filosofía o una visión del mundo, por eso la praxis teatral está siempre inconclusa. Avanza *caso por caso* y en cada proyecto de puesta en escena obliga al teatrista, como le ocurre al psicoanalista, a olvidar lo aprendido si quiere realmente ver y escuchar, captar lo que allí vale la pena ver y escuchar. En efecto, como lo plantea Miller, "[c]uando decía que el analista debía olvidarlo todo en el momento de recibir a su paciente, indicaba algo de este orden: no compararás siquiera el paciente a sí mismo de una sesión a otra. Estamos allí en un orden que proscribe la comparación" (137). Es que la comparación es un procedimiento (matematizado o no) de la ciencia que —desde Aristóteles— aspira a la universalidad; de ahí que haya criterios de normalidad basados en porcentajes y criterios de desvíos o anormalidad. Pero el psicoanálisis —que no es una psicología— opera caso por caso, como el teatrista con cada uno de sus proyectos de puesta en escena. Si el analista "tiene que reinventar el psicoanálisis" cada vez, lo mismo le ocurre al teatrista (Miller 151). Lo sabido o aprendido en el espectáculo anterior, a duras penas sirve para el próximo. Es más, como lo dicen algunos de mis entrevistados, más bien obstruye que facilita.

En el ensayo, siempre, hay que ir en contra de los saberes constituidos —sea el del texto dramático, el del director o el del actor— porque dichos saberes están marcados por la represión, insisten en repetirse, se disparan hacia cualquier otra cosa por 'no-querer-pensar', para evitar lidiar con aquello que, por doloroso y por insatisfactorio, quedó bajo la represión. Hay, pues, que estar atento al lapsus, al pequeño gesto loco, inesperado, al olvido de un texto, al chiste, a un acto fallido, en fin, a eso extra-cotidiano que surge en el discurso, a partir de la palabra, o en el cuerpo. El inconsciente, dice Lacan, es pulsativo, se abre e inmediatamente se cierra y, como a la Ocasión que la pintan calva, hay que agarrarlo al vuelo. Tal como lo plantea Alberto Ajaka, es necesario que el talento y el oficio permitan "manipular el equívoco" (*Detrás de la escena* 30), pues de ese modo, nos dice, en ese momento el teatrista se hace dueño de sí mismo, del espacio y del tiempo, lo que constituye un "momento brillante" (otra vez el resplandor, la chispa, el rayo) que amplía "el trazo del desconcierto para volverlo signo, un signo novedoso, orgánico, y por lo tanto vivo" (*Detrás de la escena* 30). Se trata, agrega Akaja, "del accidente escénico que revela la humanidad del cuerpo en escena" (*Detrás de la escena* 31.). Rafael Spregelburd es categórico cuando muy religiosamente afirma "Creo en el accidente como mecanismo de creación" (*Detrás de la escena* 59).

Para que esto ocurra en un ensayo, hay que estar entrenado...como un analista, pues siempre hay en el ensayo algo que se resiste a ser pensado. Y por eso el ensayo es apasionante, único, caso por caso, *varido* (para no decir 'variado'), cada día la verdad se presenta con distintos ropajes, con diverso semblante, o "rostridad" como prefieren Pavlovsky y Bartís desde una perspectiva deleuziana. En esta dinámica de trabajo estamos lejos de concebir la praxis teatral como ilustración 'física' de un texto dramático o idea previos.

Al respecto, Ricardo Bartís reflexiona sobre la importancia del *deseo* de la actuación y la materialidad escénica, sobre todo el rol del cuerpo, en cuanto a ir elucubrando lo que él denomina un "relato de la actuación" concebido como "lo que la actuación narra independientemente de la obra" (*Arte y oficio* II 106), es decir, algo que va más allá de la ilustración o representación de un texto o un personaje:

> Tenía sí, una mirada muy vinculada a lo escénico, al espacio como experiencia existencial y no como idea arquitectónica, cierta conciencia de lo que sería lo sinfónico o lo musical-escénico por el contacto, el intercambio, el funcionamiento de los cuerpos y, sobre todo, *el deseo de actuación*, de exceder el marco, el límite moral de la composición del personaje—o de lo que es dado en llamar el personaje—que ya en ese momento, yo entendía funcionaba más como corsé físico o corsé expresivo y como legitimidad moral para desarrollar ciertas emociones, percibía, por mi trabajo como actor, que podía "circular emocionalmente" sin quedar atrapado en esas nociones, poder salirse de lo que sería la lógica de sentido narrativo tradicional (causa, efecto, encadenamiento, etc.), aprovechando ciertos giros, torsiones, intensidades que venían del cuerpo de la actuación. Y generar entonces una verdad escénica que no deriva ni de la lógica ni del sentido temático, sino de la intensidad con que el cuerpo afirma el signo y el grado de percepción de la creación de lo teatral de manera autónoma a lo que sería el texto, la historia, etc. (*Arte y oficio* II 105-106, énfasis mío)

Si el psicoanálisis, si la enseñanza de Freud y Lacan nos es útil a los teatristas, es justamente porque cada vez que ambos tienen que vérselas con la praxis analítica, se ven consecuentemente obligados a redefinir sus postulados 'teóricos', ya que éstos dejan de dar cuenta del acontecimiento, ya no se adecuan a lo que está sucediendo con su analizante. El psicoanálisis, para los teatristas de la praxis teatral, puede, en este sentido, funcionar como un modelo para fundar un saber-hacer teatral que, al tratar lo real por medio de lo simbólico o al intentar imaginar o inventar lo real, procede por enfrentar ese "no quiero saber nada de eso', es decir, opera por el levantamiento de la represión.[31] De ahí también que, como ya lo viera Lacan, porque el psicoanálisis *no es* un discurso científico sobre el inconsciente,[32] no puede ser trasmitido por medio de una enseñanza a la manera de quien trasmite una teoría matematizada. "A los llamados psicoanalistas—dice Miller—no se los puede preparar con la enseñanza, solo se los prepara con la experiencia" (337). Y agrega:

> Para enseñar tiene que haber matema, saber previo, una fórmula laica que responda al *para todo x*,[33] mientras que en la experiencia

---

[31] Aunque resulte obvio, tal vez no resulte innecesario enfatizar que no estamos proponiendo psicoanalizar a los teatristas, en el sentido en que se entiende estar en tratamiento. Lacan va a salirse prontamente de esta idea del psicoanálisis como cura, en la medida en que desarma todo sentido del término 'normal'. El psicoanálisis –si se nos apura una definición— es el arte de trabajar con un sujeto dividido que no sabe sobre su deseo y que reconoce que hay un saber que escapa a su conciencia. Como subraya Miller, "Lacan interpreta el psicoanálisis como una experiencia de verdad, lo cual hace desaparecer la orientación hacia la curación, hacia la resolución del síntoma, sino que la considera [a la curación] un efecto colateral de la experiencia de verdad" (240). Por eso es analogable el psicoanálisis con la praxis teatral, justamente porque ambos están interesados en la verdad como varidad. En consecuencia, el teatrista debe estar de alguna manera familiarizado con las formas en que puede irrumpir el inconsciente para orientarse durante los ensayos.

[32] Lacan intentó matematizar y logicizar el psicoanálisis al principio de su enseñanza porque al hacerlo cabía la posibilidad de la trasmisión. Del matema, de los grafos, pasó a los nudos y con éstos hay que saber-hacer.

el saber está por venir y siempre valdrá para uno (337)

Obviamente, como admite el mismo Miller, para que la experiencia tenga lugar, hace falta una enseñanza; si hay así una oposición radical entre enseñanza y experiencia, también se indica que una experiencia es ir contra la enseñanza en la medida en que pensamos contra el significante. Al carecer de fórmulas "aplicables" a lo contingente que desafía lo sabido, el teatrista debe organizar su saber hacer de modo artesanal ("es un gran artesanado el teatro" dice César Brie [entrevista con M.D. Yaccar), lo que lo mantiene en la sorpresa del trabajo con los materiales, incluido el cuerpo. Diego Starosta, por su parte, reflexiona uno de sus procesos y nos dice: "todo este biomecanicismo consciente y controlado es lo que permite, y permitió, la aparición de las sorpresas, de lo inesperado, de las sugestiones y las opiniones del azar, tanto en el trabajo individual como en las interacciones conjuntos a la hora del montaje" (52).

Así y todo, es difícil escapar a la seducción del *para todo x*. Se quisiera universalizar la praxis teatral, matematizarla o no, se intenta incluso captarla vanamente por medio de la filosofía del teatro, en ese afán de contar con ciertas fórmulas que permitieran su enseñanza. Si al analista se lo prepara en la experiencia, entonces volvemos al principio, si es que suponemos, si imaginamos que dicha experiencia opera y es trasmisible por imitación y, peor aún, un tipo de imitación irreflexiva, sumisa a los supuestos que la fundan o al maestro que la pregona. ¿En qué lugar preparar a los teatristas en la experiencia? No estoy seguro que debamos pensar esa enseñanza trasmitida por medio de lo que denominamos "taller" [workshop]; sí, en cambio, estoy seguro que el término "laboratorio" es lo peor que se nos puede ocurrir para trasmitir la praxis teatral. En el ensayo trabajamos con lo real, lo simbólico y lo imaginario, ponemos nuestra entera capacidad mental y corporal al servicio de una experiencia que no puede ser concebida como un experimento, pues éste

---

[33] "Para todo x" es la fórmula para designar lo universal y, en Lacan, también lo masculino. Es también la fórmula que da cuenta del sueño de los científicos.

es una puesta a prueba de un postulado científico y, como vimos, la ciencia no tiene mucho que hacer en nuestra praxis teatral. Digamos, en forma rápida y sencilla, que el actor no es una rata de laboratorio sometido a variables diversas; es un sujeto dividido, tiene deseo, se enfrenta al goce. Hace síntomas, se equivoca, miente.

Deberemos imaginar, a medida que se desarrolla la praxis teatral, un tipo de trasmisión que le sea adecuado a su consistencia artística y, por ahora, dejando de lado taller y laboratorio, me atengo al "ensayo teatral". La trasmisión de la praxis teatral no se puede hacer, como a veces sugieren algunas frases de Lacan, por el único medio de la palabra (como si eso fuera lo único que ocurre en el psicoanálisis). Confieso que cuando leo a los psicoanalistas me sorprendo un poco cuando dicen que el psicoanálisis y su experiencia asumen la modalidad de la palabra (*parole*= 'habla' para Saussure). El hecho de que el analizante llegue y se tire sobre el diván o que se niegue a eso y quiera hablar cara a cara, que no pueda ver la cara del analista, que huela, que suspire, que haya engordado o perdido peso, que su voz resuene con un timbre extraño, pone en juego, como vemos, muchos aspectos ligados al cuerpo, a un cuerpo más o menos desanudado de la palabra, desacomodado. Ni hablar del *acting out* o el pasaje al acto, que no son dimensiones reductibles a la palabra. Hay una teatralidad del encuadre psicoanalítico que incluso se instala en la transferencia y que desborda la palabra, entendida como significante, incluso si lo consideramos arbitrario respecto del significado.[34] Esa dimensión no verbalizada, imposible de verbalizar, que Lacan denominó, para bien o para mal, lo Real (y que no se confunde con la realidad), es un acontecimiento de cuerpo que insiste y que, en todo caso, a veces, en la praxis teatral, es posible captar en las improvisaciones como modos de goce a partir de la repetición, de lo que no cesa de no escribirse.

---

[34] Aunque Lacan insistiera en que el sujeto del deseo es efecto de la palabra, más tarde, como veremos, irá orientándose hacia el goce y al sinthome, como acontecimiento de cuerpo. La actriz y psicoanalista tucumana Gabriela Abad ha dedicado a este tema un libro titulado *Escena y escenarios en la transferencia*.

Praxis teatral y escritura

Aquí retomamos la pregunta sobre el teatrista y la escritura. La praxis teatral, lo que allí ocurre, ¿se lo puede escribir? Dejemos por ahora de lado la cuestión de la escritura como formulación lógica y nos conformemos con el *relato* de la experiencia, que algunos teatristas denominan 'cuaderno de bitácora'. Sin duda, es posible hacerlo. Stanislavski lo hizo; Grotowski, Barba, Brook, Santiago García y Enrique Buenaventura, Augusto Boal, Raúl Serrano—para nombrar algunos—lo hicieron. Sin embargo, cuando partimos de nuestra experiencia y apelamos a esos escritos para *orientar* nuestra praxis teatral, siempre hay algo insensato que desafía esos escritos, que nos enfrenta a lo escrito por esos maestros como caduco, no tanto en el sentido de 'anticuado' o 'decrépito' (que no obstante es lo que nos da el Diccionario de la RAE), sino como algo que ha perdido eficacia o virtualidad (que también está en el Diccionario). Escribir es aquí dar cuenta de un momento del trabajo teatral, de una experiencia que ocurre en vivo en el ensayo, con muchos niveles rizomáticos y devenires; para hacerlo, no obstante, no sólo hay que recurrir al lenguaje, a lo simbólico—que generalmente no nos da la palabra adecuada para eso 'nuevo' que hemos detectado. Hay en el telón de fondo de todo ensayo teatral un corpus de saberes (teóricos o no, teorizados o no) que nos plantean conceptos, aunque solo sea bajo la forma de un vocabulario, esto es, una manera congelada del saber que en cierto modo forma sistema con otros, un saber ya dogmatizado, mortificado por el Otro de la tradición, que circula, que es legible en cada momento histórico. Es un saber impuesto como verdad (para seguir a Foucault), que invisibiliza, esto es, que impone límites de visibilidad y decibilidad. Sin embargo, aunque hay que estar alerta sobre estos límites, parece inevitable partir de esa batería de conceptos (otra vez asoma aquí el Nombre-del-Padre o los diccionarios de teatro), incorporados y no siempre trabados por la arquitectura teórica, pero que indudablemente facilitan el trabajo en la medida en que nos permiten despegar saliéndonos al menos de la dimensión de la doxa, de las nociones impuestas por el sentido común, poco fundadas y que siempre nos dejan en el limbo, salvo que aprovechemos—tal vez la única ventaja aquí—los malentendidos a los que la doxa nos lleva.

¿Qué escritura hay que tener en cuenta en un ensayo teatral? Tomar lo escrito por un maestro como palabra santa es convertir la praxis teatral en repetición, en sumisión, tornarla un ritual que busca consagrar algo previo y que no deja abiertas las puertas a insensato, tal vez novedoso. Y esa actitud de sometimiento a un saber cerrado, autosuficiente, definitivo, no es solamente típico del dogmatismo de las iglesias, sino también de la universidad. Por eso nada más horroroso que leer a futuros teatristas o incluso teatristas ya establecidos que dicen "aplicar" lo dicho por alguien a su propia práctica pedagógica, como si fuera un corsé que, obviamente, no los lleva al vértigo que debería tener la praxis teatral. Eso es práctica de *teatreros*, ortopedia teatral, pero no praxis teatral. Decir que se aplica 'un maestro', que se aplica el saber de un maestro no deja de ser una publicidad contraproducente para el arte, que lamentablemente seduce a muchos de los que necesitan garantías. Eso es práctica de aquellos que se ufanan no de un "yo no quiero saber nada de eso", sino sorprendentemente de un "yo sé muy bien lo que digo", lo cual, después de un siglo de psicoanálisis, es una actitud no solo ridícula sino cuestionable.

La praxis teatral debería estar atenta a la escritura escénica, esa que va emergiendo a partir del relato de la actuación, del acontecimiento de cuerpo. Al intentar hacer un escrito de ese relato de actuación, hay que toparse con los saberes constituidos, pero para ir en contra, para cuestionarlos. Y si se trata de una experiencia universitaria, sabemos cómo se les exige a los estudiantes dar credenciales por medio de la citación de autores prestigiados, pero avalando su sumisión, no su potencial de transgresión de lo citado. Ese escrito debería, sin embargo, hacerse de modo tal que constituya el testimonio de un momento del proceso de una experiencia (como en Freud, en Lacan, en Stanislavski, incluso en Grotowski), que más que consolidar los saberes ya constituidos, apunte a lo singular que ha puesto a esos saberes en riesgo. El psicoanálisis nos ofrece, al respecto, un largo debate sobre lo que Lacan denominó el pase como respuesta a la pregunta sobre quién autoriza a un analista.[35] La

---

[35] El pase es un ceremonial de la escuela lacaniana que generó mucho debate; para decirlo brevemente, es un testimonio del candidato a analista de la escuela en el cual da cuenta de

respuesta, después de tantos tumultos, fue categórica: el analista se autoriza por sí mismo. ¿Cómo pensar el pase del teatrista?[36]

Una vez más, ese escrito debe efectuarse desde una renuncia a la función universalizante, al *para todo x*, en la medida en que no es 'aplicable' a cada espectáculo, a otro acontecimiento teatral. Hay que comenzar a ponerse del lado del no-todo, y en cuanto a la enseñanza, evitar ocupar el lugar del Otro, del sujeto supuesto saber; hay que asumir que incluso esto mismo que ahora estoy escribiendo va a tornarse, tal vez, insostenible en cuanto se ponga en juego en la praxis teatral. En todo caso, la experiencia es trasmisible en la medida en que quien lo hace ocupe al menos, como decía Lacan para sí mismo, el lugar del analizante. Para una experiencia tal como la venimos acotando, la praxis teatral no puede ejercerse desde el discurso del Amo o de la Universidad; en todo caso, conviene hacerlo desde el discurso de la Histérica, siempre desestabilizando al Otro, y desde el discurso del Analista, a pesar de la enorme dificultad de su posición.[37]

Deleuze y Guattari, desde su perspectiva, parecen apuntar a la misma cuestión cuando, en *Mil mesetas*, distinguen entre ciencia nómada y ciencia del Estado. La praxis teatral se ajusta a esa ciencia nómada que "se desarrolla exéntricamente, y que es muy diferente de las ciencias reales o imperiales" (369). Esta ciencia nómada está siempre "'bloqueda', inhibida o prohibida por las exigencias y las condiciones de la ciencia del Estado, esto es, aquella que "no cesa de imponer su forma de soberanía a las invenciones de la ciencia nómada" (369). El Estado tiene que encausar, canalizar la fuerza hidráulica que surge de la turbulencia de la ciencia nómade (370). Por eso el teatrista, como aquellos que se posicionan en la

---

su deseo y refiere frente a un tribunal su historia a partir de su análisis.

[36] Dejo para otro ensayo explorar la cuestión del pase en la praxis teatral.

[37] Para un desarrollo sobre los cuatro discursos lacanianos, ver mi trabajo "Los cuatro discursos lacanianos y las dramaturgias."

perspectiva de la ciencia nómade, queda "atrapado entre dos fuegos, el de la máquina de guerra que lo alimenta y lo inspira [y] el Estado que le impone un orden de razones" (369) orientadas, como dijimos, a canalizar justamente la fuerza hidráulica, turbulenta y transgresiva, cuestionadora y hasta desestabilizadora que caracteriza la máquina de guerra de la ciencia nómade.

Entiendo el escozor que todo esto pueda causar en el teatrista, que tantos años ha luchado por ser reconocido por las instituciones y cree tocar el cielo con las manos cuando su práctica logra un espacio universitario y hasta se enorgullece de haber logrado una fórmula que se ha tornado popular. Pero aquí, respecto a "cómo se enseña lo que no se enseña", particularmente en la academia, otra vez el psicoanálisis nos lleva ventaja, en la medida en que los analistas saben a todo lo que tuvieron que renunciar cuando intentaron 'institucionalizar' su praxis. Si aceptamos lo dicho hasta aquí, la pregunta no se hace esperar: ¿se puede enseñar la praxis teatral en la universidad? ¿Es conveniente para la praxis teatral desarrollarse en el ámbito del discurso de la universidad? ¿Es contradictorio hacerlo de esa manera? ¿Cuál es el precio que se pagará?

Solo me atrevo a plantear la cuestión. Solamente abro debate. ¿Qué modificaciones habrá que exigirle a la universidad para que aloje la praxis teatral tal como aquí la entendemos? ¿Qué ventajas le aportará al teatro como arte una praxis teatral institucionalizada? Al menos ya sabemos lo que una praxis teatral institucionalizada puede aportarle al teatro como mercancía y *entertainment*. No tenemos dudas respecto a su efectividad en formar actores para el mercado. ¿Estará la universidad como institución interesada en una enseñanza de la praxis teatral a la manera de la lacaniana? Ya sabemos cómo Lacan fue excomulgado de la Sociedad Internacional de Psicoanálisis y luego anduvo dando vueltas para conseguir un lugar de reunión para trasmitir su palabra. Tener un espacio propio, formar una escuela propia, ¿será una posibilidad? No lo fue para Lacan, que disolvió la suya. ¿Cómo hacer para que una escuela no se institucionalice?

SEGUNDA REFLEXION

Introducción

Anoche tuve un sueño. Fue uno de esos sueños que, a falta de mejor calificación, adjetivaría como ortodoxamente freudiano. Al despertar en medio de la noche me dediqué, al no contar con un analista a la mano y presente en mi dormitorio, a poner en palabras lo que había soñado e intentar asociar libremente sobre los diversos significantes que el relato del sueño me iba invitando a enlazar. Más allá de aquellos contenidos que, obviamente, tienen que ver con mi vida, mi historia—esto es, el sentido que uno arma sobre lo que le ha pasado—y mi modo de goce—eso que resiste al sentido, el fuera-del-sentido—el sueño me llevó a interrogarme sobre algunas cuestiones de la praxis teatral.

Lo interesante de este sueño y el motivo por el que lo he bautizado "freudiano" es porque me mostró, con una claridad que a veces no se logra en la lectura de los textos psicoanalíticos, la diferencia de algo tal vez elemental y evidente, casi de Perogrullo, pero que, no obstante, vale la pena abordar. Me pareció que la cuestión estaba tan naturalizada, como aquella de los teatristas cuando asumen sin más el formato a la italiana y no se les ocurre otra posibilidad para el montaje. En fin, me refiero a la diferencia entre lo que podríamos denominar la realidad "mundana", cotidiana—que, como vimos, no es lo Real de los lacanianos—y la realidad psíquica, esa que constituye el gran descubrimiento de Freud. Mi sueño me dio tal 'claridad' o 'certeza' en cuanto a la diferencia entre ambas realidades que me pareció ejemplar para pensar la cuestión del ensayo teatral y lo que allí ocurre. En efecto, el sueño me daba una versión de aspectos muy reprimidos en el inconsciente (como sabemos, si por un lado el inconsciente va más allá del sujeto, si es transindividual, no es nunca 'colectivo')[38]; esos aspectos tenían

---

[38] "Se crea una lengua en la medida en que en cualquier momento se le da un sentido, se le hace un retoquecito, sin lo cual la lengua no estaría viva. Ella está viva en la medida en que a cada instante se la crea. Por eso no hay un inconsciente colectivo. Solo hay inconscientes particulares, en la medida en que

obviamente algún enlace con recuerdos de mi infancia, pero estaban sin duda modificados a nivel de la realidad psíquica. Sabemos que el sueño opera por condensación y desplazamiento de significantes, metáfora y metonimia respectivamente. Me pregunté entonces cuál de las realidades, la mundana o la psíquica, era la que tenía o debería tener más peso en la atención de los actores y del director en su praxis teatral.

Realidad mundana, realidad psíquica

En cierta forma, cuando elegimos un texto para subir a escena, dicho texto se nos brinda como realidad 'mundana': está ahí, lo leemos, creemos comprenderlo, improvisamos, trabajamos con los técnicos y los artistas audiovisuales, etc., y progresivamente vamos acomodando los resultados en lo que, finalmente, será nuestra puesta en escena lista para presentar ante el público. Nos ajustamos al relato de la obra, asumimos a veces algunas cuestiones o categorías históricas, ponemos a funcionar ciertos determinantes estéticos y, como intentaba hacerlo el primer Stanislavski o lo que algunos le han hecho decir, nos aseguramos de practicar una cierta fidelidad al texto —sumisión acrítica, delirio amatorio, narcisismo descaminado—, a las intenciones del autor (como se sabe, imposibles de discernir incluso para el autor mismo, desde que contamos con el inconsciente freudiano).

Pero ¿qué pasa con las lecturas que provoca dicho texto? Cada integrante del elenco tiene su propia lectura. Cada una de esas lecturas remite a la realidad 'psíquica' de cada cual, hace enlace con fantasías y modos de goce de cada uno. Estas lecturas abren derroteros que, en principio, se nos aparecen como foráneos al texto y hasta al autor. Se trata de caminos que nos llevan a zonas no inminentemente imaginadas al momento de la lectura del texto dramático; surgen de pronto cuestiones

---

cada uno, a cada instante, da un retoquecito a la lengua que habla" (Lacan, *Seminario 23* 131).

no exploradas previamente para ese texto, interrogaciones que, siendo las de nuestra época, pueden no asomar conscientemente a nuestro abordaje y preferir hacerlo por una formación del inconsciente. Un chiste, un lapsus, un olvido, un pequeño accidente nos sorprende porque es el modo en que el inconsciente se abre y se cierra inmediatamente, dejándonos en la disyuntiva de hacernos cargo de lo que allí habló. Se nos impone así la dimensión de una ética: ¿quién habló aquí más allá del yo, de la consciencia? ¿Qué trabajo y hasta que responsabilidad artística me impone ese momento crucial en donde 'algo' dicho por quién sabe quién o qué, despliega la dimensión de una realidad psíquica que, a propósito del texto dramático, parece querer escribirse? ¿Tendremos que partir de estos tropezones de la conciencia para armar nuestra puesta en escena en vez de intentar 'ilustrar' con cuerpos, luces y sonidos un texto dramático, felices a veces de haber logrado cierta coherencia a nivel del sentido, felices de haber marginado ciertos peligrosos desvíos que aparecían durante el ensayo?

Sabemos que el ensayo es el núcleo de la praxis teatral; es en esa experiencia en la que se juegan múltiples aspectos (sociales, políticos, históricos, psicológicos, artísticos, etc.). Poco se ha teorizado sobre el ensayo como tal; solamente contamos con el arte y oficio de los teatristas, basados en su mayor parte en experiencias personales, en lecturas diversas y sobre todo en técnicas actorales y metodologías de aproximación a la escena, es decir, saberes relacionados a la actuación y la dirección, a veces eclécticamente incorporados a dicha praxis y a la enseñanza de la misma. Pero el nivel técnico y metodológico es, como dijimos antes, solo la punta del iceberg de una praxis teatral; aunque los teatristas no lo sepan, esos dos niveles suponen la adhesión a postulados teóricos y filosóficos que, muchas veces, no condicen con el discurso consciente (y hasta político) de los teatristas. Hay opiniones o nociones técnicas y metodológicas que intentan guiar a los teatristas a poner un texto en escena, que pre-existen al inicio mismo del ensayo teatral como tal; con o sin autor, cuando hay un texto, el ensayo se orienta por la vía fácil de una búsqueda de ilustración o decoración, más o menos vanguardista, de dicho texto; lo que se intenta, con mayor o menor ilusión de fidelidad al texto o—en el peor de los casos—al autor, es promover una lectura que da paso a la puesta en escena concebida como otro texto al cual, desde hace tiempo, los semióticos denominan "texto espectacular".

Alguien convoca a una serie de actores y artistas para llevar a cabo ese proyecto de montaje del texto dramático. Son invitados *ad hoc* convocados a partir del proyecto de alguien, es decir, del supuesto saber o interés de algún integrante, productor o director. En otros casos, se trata de un grupo más o menos consolidado que ha trabajado con cierta continuidad y entonces alguien trae un coágulo para compartir. En este caso, se trata de ensayos en los que falta dicho texto dramático, aunque deberíamos interrogarnos si realmente hay ausencia de texto. En ambas modalidades, con o sin texto, el teatrista tiene siempre la opción: se reúnen para montar una ilustración de una lectura o de una idea, o bien se reúnen para montar una escritura escénica a partir de "algo que no anda", ese coágulo, ese síntoma, ese malestar en la cultura a veces captado por sorpresa por alguno de los integrantes del grupo o bien captado por el mismo teatrista en su lectura de un texto dramático. No olvidemos que también el autor escribe su obra a partir de su propio coágulo o síntoma. Con texto o con coágulo, me importa que la praxis teatral se realice en contra, a contrapelo de lo sabido y, si apelo a la improvisación, mi atención va a estar alerta—y ahora es cuando recupero lo que me dijo mi sueño—a la realidad psíquica, no a la mundana de los integrantes del grupo, a la selva de fantasmas que comienzan a desplegarse durante el ensayo. Y en esa trama imaginaria, enmarcada por lo simbólico, por el deseo del Otro, presto atención a la irrupción pulsativa del inconsciente en alguna de las formaciones que hemos mencionado. Espero, espero. ¿Qué espero? Justamente que aparezca esa chispa o resplandor de lo insensato, de lo discordante, de lo incoherente, pero sobre todo de lo inesperado; para decirlo con palabras de César Brie "Voy componiendo esos elementos hasta que surge no lo que quiero, sino lo que descubro. Nunca parto de una tesis. Yo me descubro" (Entrevista por María Daniela Yaccar).

Segmentariedad, narración y relato de actuación

Sin duda, el ensayo va generando una cantidad enorme de materiales teatrales, que se van acumulando; para conceptualizar esto tal vez la palabra 'fragmentario' sea menos indicada que la utilizada por Deleuze y Guattari en *Mil mesetas*, cuando hablan de 'segmentariedad': según estos autores, estamos segmentados binariamente, circularmente y linealmente y estas tres "figuras de la segmentariedad [...] siempre están incluidas la una en la otra, e incluso pasan la una a la otra, se transforman según el punto de vista" (214). Llega un momento en que hay que ordenar de alguna forma todo este material y allí, nuevamente, aparece la cuestión del sentido y, por ende, de la narración. Como bien lo dice Bartís, "Allí hay miles de momentos que todavía no se sabe cómo van a enganchar y como, por otro lado, yo tampoco quiero hacer un teatro que sea un muestreo de una sucesión de momentos; yo quiero narrar, yo acepto la obligación de narrar, no evado ese problema.[39] El tema está en cómo se estructura una narración simple en lo aparente y cómo lo complejo está en el desarrollo de procedimientos que lancen esa simplicidad hacia un territorio estallado, singular, poético" (*Arte oficio* II 114-115).

Por su parte, Diego Starosta escribe su experiencia enfatizando ese forzamiento que supone agrupar los segmentos surgidos durante los ensayos en función de brindar al público un cierto sentido del material, y nos dice:

> *La Boxe* ha sido una compleja maraña de pequeños mundos distantes que durante un largo trayecto buscaron una unidad posible. Fue necesario mucho orden para conducir todos los elementos, para ir profundo, para abrir y luego cerrar y luego volver a abrir, y modificar y transformar, reorganizar y volver a probar; y fue justamente ese "orden", esa necesidad de consciencia obsesiva que guio mi trabajo y que fue transmitida a

---

[39] Tema para otra investigación: ¿qué se entiende por narrar en la praxis teatral?

mis compañeros lo que escribió, en su desvanecerse, nuestra poesía. (55)

Y más adelante, escribiendo la bitácora de otro de sus espectáculos, nos dice:

> Cuando los dos planos estuvieron más integrados, la tarea fue la de ajustar, modificar y encontrar puentes de sentido entre ellos, de manera que sobreviviera la independencia de lógica de cada uno, pero buscando, ahora, una complementariedad entre las partes. (83).

Starosta visualiza su concepción escénica a partir de la convicción de que no se trata de "'representar' o 'actuar' la realidad (aquella que llamamos "cotidianidad"), sino que [esa concepción] intenta crear una realidad distinta, para así dar cuenta de la primera desde una distancia que amplíe la posibilidad de observación y opere sobre la percepción del espectador de manera diferente" (93).

Spregelburd, a partir de la idea de catástrofe más que de tragedia, apuesta a la "obra caótica" (*Detrás de la escena* 65), porque aporta "la ilusión de vida en tanto *inventa* un cuerpo que es coherente consigo mismo, y no con las ideas previas a ese cuerpo que los espectadores ya tienen sobre el mundo" (*Detrás de la escena* 65, énfasis mío). Según él, como "[u]na obra caótica ideal carece de moral [en consecuencia] la moral no es asunto suyo, le es desconocida" (*Detrás de la escena* 65) y por ello, al alojar muchos puntos de vista, problematiza más que tranquiliza, esto es, no forma parte de ningún *entertainment*.

Parece quedar claro a partir de estas discusiones el hecho que la realidad mundana no es lo real. No hay duda sobre eso. Lo real es lo imposible, lo que vuelve siempre al mismo lugar, la repetición de aquello que no puede ser significantizado, ya que no hay palabra para designarlo. Lo real —ya vimos— es sin ley, no tiene orden, es decir, no hay manera de suponer que haya sentido en lo real. El orden es el que da sentido y por esa vía nos metió Aristóteles hace muchos siglos. Y una vez que lo reprimido emerge, una vez que esa puerta rápidamente se abrió y se volvió a cerrar, no obstante ha dejado un resplandor —ese 'rayo misterioso' al que, tal vez, se refiera Aldo El-Jatib— que va a servirme de disparador —como una luz mínima en un túnel oscuro— para proseguir el ensayo. Vistas las cosas desde esta perspectiva y quedando claro que lo real no es la realidad mundana, me pregunto entonces cuál es la relación entre lo real y la realidad psíquica. A partir del rudimentario autoanálisis de mi sueño, me percaté de la relación, pero también de la diferencia entre la realidad mundana, histórica, material (probablemente también imaginaria, aunque podamos apuntalarla con datos y hechos documentados), y la realidad psíquica. Imagino que algo de esa realidad mundana debe haber provocado cierto fantasma, localizado ahora en mi realidad psíquica. Pero me pregunto cuál es la relación de esas dos realidades (mundana y psíquica) con lo Real en sentido lacaniano. Por ejemplo, si en mi sueño aparece mi padre, ese padre no necesariamente corresponde—esto sí es Perogrullo—al padre que tuve en la realidad mundana. Ya todos más o menos sabemos eso. ¿A dónde quiero llegar con todo esto? A la idea de que hay un fantasma que, aun tomando elementos de la realidad mundana, tiene su propia lógica y abre la puerta a ciertos horrores que me parecen alojarse en aquello 'real' que no se puede nombrar (no hay aquí padre simbólico capaz de promover la nominación). En suma, algo de lo real debe enlazarse tanto con la realidad mundana como con la realidad psíquica, algo hace puente entre ellas y funda la transindividualidad del inconsciente, lo que al final justifica que el producto de lo trabajado en el ensayo teatral pueda, a su ver, hacer puente con un público que le es siempre contemporáneo. Recordemos aquí cómo Pavlovsky quería que los teatristas que tomaran sus obras, no las representaran como tal, porque ese texto era solo ilusoriamente definitivo; cada teatrista debía ahora, incluso a partir de un texto de Pavlovsky, hacer su propio itinerario, trabajar su fantasma a partir de su lectura y, por qué no, el fantasma del texto.

Se necesita mucha valentía para abordar esa realidad psíquica que emerge durante un ensayo en el que el teatrista se atreve a explorar las consecuencias artísticas y personales de ese resplandor. Se abre una zona de riesgo en la que prontamente se comienza a detectar que no hay garantías, que el Otro-no-existe. Aun cuando ese teatro emerja de un ensayo basado en la realidad psíquica de sus integrantes (sobre un texto o no), lo cierto es que el producto es un teatro—como lo plantea Ricardo Bartís—biográfico pero no personal. Justamente a propósito de Pavlovsky, Ricardo Bartís, en *Cancha con niebla*, desliza un comentario que apunta a esta diferencia entre lo biográfico (que de alguna manera se refiere a lo transindividual) y lo personal;[40] nos dice:

> El juego de la improvisación, como todos sabemos, abre caminos insospechados; la relación de cada actor con un cierto personaje o una determinada situación movilizan contenidos que jamás se hubiera visualizado desde la perspectiva monológica de un autor dramático. Se multiplican las voces, los sentidos, se descubren nuevas intensidades (libidinales en sentido freudiano) que estaban reprimidas o que habían sido rechazadas o suprimidas y que el coágulo, como el nódulo patógeno freudiano, hacía precariamente emerger de una historia que era particular de Pavlovsky pero no necesariamente personal.[41]

Asimismo, Aldo El-Jatib a su manera, parece afirmar algo similar cuando declara que "[t]odos los trabajos de El Rayo tienen que ver con mi biografía pero también con la de los actores, porque no hablan de historias personales". Lo que importa es aquello que caracterizaría a este tipo de praxis teatral y que Bartís, bautiza sutilmente como un tipo de trabajo basado en una pulsión poética. Hablar de pulsión no es hablar de instinto. En la frontera entre naturaleza y cultura, la pulsión (*Trieb*) apunta a las zonas erógenas, a los agujeros, a esos fragmentos/segmentos que se instalan en el ensayo y que sacan a la actuación de ser un instrumento meramente expresivo (del texto o del subtexto) para plantearla como un

---

[40] He desarrollado esto en "Aproximación psicoanalítica al ensayo teatral: algunas notas preliminares al concepto de 'transferencia'.

[41] Una oportunidad más para insistir en que no se trata de concebir el ensayo teatral como una experiencia 'terapéutica'.

campo de fuerzas enlazadas a lo real, a lo corporal, a lo que insiste fuera-de-sentido, a lo que no hace sentido, a lo que permanece sinthome.

El ensayo sobre un texto puede atravesar el fantasma de ese texto y, en cierto modo, puede admitir un final del ensayo; es casi un lugar común de los directores decir que se detienen en algún momento, a veces impuesto por una fecha de estreno pautada para controlar y poner un punto de basta al proceso de trabajo con el fantasma. Pero en el teatro de la pulsión poética no hay nada que atravesar; por ende, no hay un final, ni siquiera forzado. Hay en él apertura, hay un *saber hacer*—típico del arte— con el sinthome, un saber arreglárselas con aquello que, siempre ahí, siempre insistiendo, no tiene sentido. ¿Hasta qué punto un espectáculo, trabajado desde la pulsión poética, puede subir a escena como un fuera-de-sentido? Obviamente este teatro ya no es un espejo de la realidad mundana, sino de la realidad psíquica de unos artistas que, por alguna razón, tocan a su manera un mismo real que la realidad mundana en la que viven y trabajan y en la que también vive y trabaja su público. Por este rodeo, ese más allá del fantasma fundamental al que llegue la praxis teatral basada en la pulsión poética va a tener un sentido para alguien y, paradojalmente, al tener 'sentido', va a impedirle a ese alguien, a su vez, enfrentar el fuera-de-sentido.

Ambos teatros—el de autor o director, y el de la pulsión poética[42] — son teatros de riesgo; ambos nos enfrentan a la realidad psíquica y ambos deben convenir en la dimensión del fantasma. Ambos tienen que lidear también con la realidad mundana, aunque más no sea por la mera existencia de su público. La diferencia no reside en los tipos de teatro, sino en la forma en que se enfrenta la praxis teatral: como la diferencia que hay entre psicoterapia y psicoanálisis, podríamos elucubrar (a) una praxis teatral (con o sin texto) que trabaja la realidad psíquica como síntoma de la realidad mundana y trata de darle sentido, para responder a la demanda de un público que busca su bienestar o confortabilidad en el

---

[42] Queda mucho trabajo por hacer en cuanto a la conceptualización de una pulsión 'poética', al menos desde la perspectiva lacaniana.

sentido; o (b) una praxis teatral (con o sin texto) que va contra el sentido, que trabaja como una forma de imaginar o inventar lo real (no la realidad mundana) y que incomoda, porque no responde a la demanda de amor del público, no lo conforta, lo arroja al fuera-de-sentido.

ADENDA

Las preguntas de la entrevista son:

1. ¿Cómo llegas a la dirección teatral?

2. ¿Cuál fue tu primera dirección y qué objetivos tenías en ese momento?

3. Desde tu experiencia, ¿Cómo definirías HOY el rol del director?

4. ¿Crees hoy que tienes un estilo o marca personal?

5. Desde tu perspectiva, ¿cuál ha sido tu mejor puesta, no por el éxito de público, sino porque se te plantearon grandes desafíos y sentiste que los había sabido enfrentar y resolver?

6. Dentro de la misma perspectiva, ¿cuál fue tu PEOR puesta, no por el éxito o fracaso de público, sino porque sentiste que no llegaste a redondear el proyecto, a darle una resolución más favorable?

7. ¿Qué género es el que más te interesa o con el que tienes más afinidad: la comedia, el sainete, la tragedia, etc.?

8. ¿Qué arte o artes crees que más han influenciado tu trabajo como director: la pintura, la música, la arquitectura, etc.?

9. ¿Qué directores han impactado —no quiero decir influenciado— tu trabajo? ¿Podrías nombrar algunos a nivel internacional, nacional y a nivel regional latinoamericano?

10. ¿Hay alguna obra que siempre te ha interesado dirigir y que, por diversos motivos, nunca pudiste hacerla?

11. ¿Escribes teatro?

12. ¿Has montado alguna obra tuya? Si ése es el caso, ¿qué te pareció la experiencia? ¿Qué facilidades o dificultades te planteó comparado con la dirección de la obra de otro?

13. ¿Has actuado y dirigido en la misma obra? Si ése es el caso, ¿qué te pareció la experiencia? ¿Qué facilidades o dificultades te planteó?

14. ¿Has dirigido cine o televisión? Si ése es el caso, ¿qué diferencias o similitudes encontraste con la dirección teatral?

15. ¿Has dirigido la misma obra en dos momentos diferentes de tu carrera? ¿Cambió el proyecto o repetiste lo anterior?

16. El espectador, su función, su perfil, ¿juega un rol importante al momento de la toma de decisiones sobre la puesta en escena de una obra dirigida por ti? ¿Tiene peso durante los ensayos?

17. Cuando has hecho una obra en un determinado espacio, para determinada sala, y tienes que salir al interior o al exterior, por ejemplo,

llevarla a un festival o una escuela de provincia, ¿tienes exigencias máximas o mínimas? Quiero decir, ¿intentas reproducirla completamente o llegas y te adaptas a lo que hay?

18. ¿Trabajas con productor? Si ése es el caso, ¿cuáles son tus exigencias?

19. ¿Trabajas con fechas fijas de estreno? ¿Por qué?

20. El día del estreno, ¿estás muy involucrado, vas o bien, como hacen algunos directores, ni apareces por el teatro?

21. Mientras la obra está en cartel, ¿haces ajustes?

22. ¿Cómo llegan las obras a tus manos?

23. Cuando trabajaste –si es que te ha tocado— con un dramaturgo vivo, de tu país o no, pero que obviamente estaba en tu ciudad, ¿te interesó su presencia durante los ensayos? ¿Fue útil? ¿En qué sentido?

24. Cuando empiezas un proyecto, sea a partir de un texto o de una idea, ¿qué es lo primero que viene a tu imaginación, de dónde partes, del espacio, de una imagen, de un ritmo, de un color, etc.?

25. Cuando trabajas con obras traducidas, ¿te importa mucho la traducción, la controlas, la cotejas, etc.?

26. Cuando vas a empezar los ensayos y reúnes a los actores, ¿les

comunicas tus principales objetivos —aunque después se modifiquen con el trabajo actoral— o prefieres no hablar mucho y dejar que ellos los vayan descubriendo a lo largo del trabajo? ¿O bien no vas al ensayo con objetivos?

27. ¿Cómo seleccionas el elenco?

28. La relación que tienes con los actores durante el proceso de ensayo, ¿es igual o diferente a la que tienes con las actrices? ¿Hay mayor afinidad con unos o con otras, o es todo igual?

29. ¿Hay alguna cualidad que esos actores tienen que tener SIN la cual tú no podrías trabajar con ellos?

30. ¿Hay algún tipo de formación actoral, de metodología con la que te sientes más afín, como por ejemplo el Sistema de Stanislavski?

31. ¿Siempre diriges con el diseño de la sala a la italiana o te gusta mucho experimentar con los espacios y la distribución del público? ¿Te interesan los espacios no convencionales? ¿Por qué?

32. ¿Has trabajado con el método de la creación colectiva, o por lo menos lo que se entiende por eso en América Latina?

33. En América Latina se ha hablado del "teatro pobre" en sentido en económico, no tanto en el sentido de Grotowski. ¿Crees que eso es una determinación, una fatalidad, un desafío, una estética?

34. En la historia del teatro, algunos han dicho, en las preceptivas especialmente, que el teatro es para deleitar, instruir, iluminar, distanciar, entretener, etc. Tengo una colección de esas palabras. ¿Cuál sería, en este sentido, la palabra que más representa tu propósito como director?

35. ¿Qué rol juega la disciplina durante el proceso de montaje?

36. En términos generales, ¿tienes algún tipo de etapas —más o menos fijas— que cubres en cada proceso de puesta en escena, como por ejemplo, empiezas con trabajo de mesa, etc. etc.?

37. ¿Cuándo entran los llamados técnicos o creativos –escenógrafo, vestuarista, iluminador, maquillador, etc.? ¿Entran en determinado momento o ya están desde el principio?

38. ¿Cómo sabes que una escena está terminada?

39. Hay momentos en que el ensayo se traba, la escena no sale. Si esto te ha pasado, ¿tienes alguna estrategia para enfrentarlo?

40. Cuando diriges, ¿lo haces desde la platea o subes y bajas del escenario?

41. ¿Trabajas con asistente de dirección? ¿Qué tareas le asignas?

42. ¿Te involucras mucho en la promoción del espectáculo? ¿Te importa?

43. La crítica periodística o académica, ¿la tomas en cuenta? ¿Aporta algo a tu trabajo en puestas posteriores?

44. Una pregunta que ya no tiene que ver con tu producción específica sino con el teatro de tu país en general. ¿Crees que en este momento en tu país –tanto en la conformación de elencos o en la selección de repertorios— hay discriminación social, sexual, política, religiosa, racial, etc.?

45. ¿Por qué crees que históricamente ha habido más directores que directoras?

46. ¿Hay alguna pregunta que siempre soñaste que te hicieran como director y nunca te han hecho?

BIBLIOGRAFIA

Abad, Gabriela. *Escena y escenarios en la transferencia.* Buenos Aires/Los Angeles: Argus-*a* Artes y Humanidades/Arts & Humanities, 2015.

Ajaka, Alberto et. al. *Detrás de la escena.* Ciudad Autónoma de Buenos Aires: Excursiones, 2015.

Bartís, Ricardo. *Cancha con niebla.* Buenos Aires: Atuel, 2013.

Buenaventura, Enrique. "La Elaboración de los Sueños y la Improvisación Teatral". En Buenaventura, E. y J. Vidal, eds. *Esquema general del método de trabajo colectivo del Teatro Experimental de Cali y otros ensayos.* Maracaibo: Universidad de Zulia, 2005. 55-65

Deleuze, Gilles y Félix Guattari. *Mil mesetas. Capitalismo y esquizofrenia.* Valencia: Pre-Textos, 2015.

Dubatti, Jorge. *El teatro laberinto. Ensayos sobre teatro argentino.* Buenos Aires: Atuel, 1999.

Feldman, Matías. "El enredo del discurso realista". En *Detrás de la escena.* Ciudad Autónoma de Buenos Aires: Excursiones, 2015. 45-52

Geirola, Gustavo. *Arte y oficio del director teatral en América Latina. México y Perú.* 2da. Edición. Buenos Aires/Los Angeles: Argus-*a* Artes y Humanidades/Arts & Humanities, 2016.

---. *Arte y oficio del director teatral en América Latina. Argentina, Chile, Paraguay y Uruguay.* 2da. Edición. Buenos Aires/Los Angeles: Argus-*a* Artes y Humanidades/Arts & Humanities, 2014.

---. *Arte y oficio del director teatral en América Latina. Colombia y Venezuela.* 2da. Edición. Buenos Aires/Los Angeles: Argus-*a* Artes y Humanidades/Arts & Humanities, 2015.

---. *Arte y oficio del director teatral en América Latina. Bolivia, Brasil y Ecuador.* Buenos Aires/Los Angeles: Argus-*a* Artes y Humanidades/Arts & Humanities, 2010.

---. *Arte y oficio del director teatral en América Latina. Centroamérica y Estados Unidos.* Buenos Aires/Los Angeles: Argus-*a* Artes y Humanidades/Arts & Humanities, 2012.

---. *Arte y oficio del director teatral en América Latina. Caribe: Cuba, Puerto Rico y República Dominicana.* Buenos Aires/Los Angeles: Argus-*a* Artes y Humanidades/Arts & Humanities, 2014.

---. "Reflexiones sobre la dirección escénica y la praxis teatral". *Revista de las artes* (Universidad de Costa Rica) 72.2 (2014): 173-182. http://www.revistas.ucr.ac.cr/index.php/escena/article/view/18479/21273

---. *Ensayo teatral, actuación y puesta en escena. Notas introductorias sobre psicoanálisis y praxis teatral en Stanislavski.* Buenos Aires/Los Angeles: Argus-*a* Artes y Humanidades/Arts & Humanities, 2013.

---. "Los cuatro discursos lacanianos y las dramaturgias." Argus-*a* Vol. 1 No. 2 Diciembre 2011/Enero 2012. http://www.argus-a.com.ar/ensayos-essays/195:los-cuatro-discursos-lacanianos-y-la-dramaturgia.html

---. "Improvisación y teatro de improvisación: aproximación psicoanalítica y dimensión del deseo", en *Perpectivas teatrales*, Osvaldo Pellettieri (ed.), Buenos Aires: Galerna, 2008. 25-49.

---. "Aproximación psicoanalítica al ensayo teatral: algunas notas preliminares al concepto de 'transferencia'. *Aisthesis Revista Chilena de Investigaciones Estéticas* 46 (2009): 252-269.

---. "Antecedentes psicoanalíticos de la nueva dramaturgia argentina: Los textos "clínicos" de Eduardo Pavlovsky". *Revista telondefondo* 4.8 (December 2008). Online http://www.telondefondo.org/home.php

---. *Teatralidad y experiencia política en América Latina*. Irvine, California: Gestos, 2000.

---. "César Vallejo: Enunciación y teatralidad". *Revista Chilena de Literatura* 55 (1999): 31-65.

Hopkins, Cecilia. "Otra apuesta al riesgo escénico" Página 12. Suplemento Cultura & Espectáculos. Martes, 16 de agosto de 2016. http://www.pagina12.com.ar/diario/suplementos/espectaculos/10-39754-2016-08-16.html

Lacan, Jacques. *Otros escritos*. Buenos Aires: Paidós, 2012.

---. *Seminario 23 El sinthome*. Buenos Aires: Paidós, 2006.

---. "Discurso a los católicos". En Lacan, Jacques. *El triunfo de la religión*. Buenos Aires: Paidós, 2005.

---. *Seminario 20 Aun*. Barcelona: Paidós, 1985.

---. *Seminario 11. Los cuatro conceptos fundamentales del psicoanálisis*. Buenos Aires: Paidós, 1973.

Miller, Jacques-Alain. *Todo el mundo es loco*. Buenos Aires: Paidós, 2015.

Pavlovsky, Eduardo. *La ética del cuerpo. Nuevas conversaciones*. Buenos Aires: Atuel, 2001.

Pérez Luna, Verónica. *Experimento Manojo. 20 años de teatro*. San Miguel de Tucumán: Grupo Editor Como un Ají, 2013.

Proaño, Lola y Gustavo Geirola. *¡Todo a pulmón! Entrevistas a diez teatristas argentinos*. Buenos Aires/Los Angeles: Argus-a Artes y Humanidades/Arts & Humanities, 2016.

Starosta, Diego. *Los pies en el camino. 15 años de la compañía El Muererío Teatro*. Buenos Aires: Industrias Culturales Argentinas, 2013.

Yaccar, María Daniela. "La composición es el lugar donde cerebro y corazón se juntan". Página 12. Suplemento Cultura & Espectáculos. Viernes, 12 de agosto de 2016. http://www.pagina12.com.ar/diario/suplementos/espectaculos/10-39716-2016-08-12.html

Argus-*a*

Artes y Humanidades / Arts and Humanities

Los Ángeles – Buenos Aires

2016

www.ingramcontent.com/pod-product-compliance
Lightning Source LLC
Chambersburg PA
CBHW020455220526
45464CB00002B/1003